KB102970

프레스턴,
더 나은
경제를
상상하다

Paint Your Town Red

프레스턴

더 나은
경제를
상상하다

매튜 브라운
리안 존스
지음

김익성
옮김

양준호
감수

쇠퇴한 지방 도시에서 영국 최고의 도시로 거듭난 프레스턴 이야기

원더박스

"이 책은 위기에 빠진 우리나라 지역들의 새로운 경제 모델을 구축을 위한 교과서가 될 것임을 확신한다. 지역 순환 경제를 연구하는 학자로서, 우리나라 각 지역의 지자체와 지역 운동에 매진하는 시민 그룹에게 이 책에 담겨 있는 영국 프레스턴의 '공동체 부(자산)의 구축(Commnunity Wealth Building)'을 통한 지역 경제의 회복 사례는 위기에 빠진 우리나라 지역의 새판을 짜게 하는 실증적 동력으로 작용할 것이라고 굳게 믿는다. 지역 경제가 왜 '지역주의적으로' 기획되고 운용되지 않으면 안 되는지, 우리나라의 지역들은 모범 사례 도시로 평가된 지 불과 몇 년밖에 지나지 않은 프레스턴의 경험을 통해 실증적으로 확인해 볼 필요가 있다."

양준호, 인천대학교 경제학과 교수·인천대학교 후기산업사회연구소 소장

"일자리 부족으로 청년 인구가 빠져나가고 인구 감소를 겪는 지방 소도시를 회생시킬 대안은 없을까? 영국 북부 인구 14만여 명의 작은 도시 프레스턴에서 지난 10여 년간 일어난 일은 소멸 위기에 처한 지방을 살리는 일이 불가능하지 않다는 것을 보여 준다. 프레스턴에서는 외부 개발 세력조차 외면했던 지역 개발 사업을 노동자 소유 사업체나 공동체 토지 신탁, 공동체 은행 등 지역에 기반을 둔 사업체를 통해 해결하면서 스스로 자산을 구축했다. 시청, 병원, 대학 등 지역 내 앵커 기관의 조달을 지역 내 업체로 전환했다. 지역 공급망이 살아나면서 불안정한 일자리와 근로 빈곤층이 감소하고 새로운 일자리가 창출되었다. 몬드라곤, 클리블랜드, 프레스턴을 넘어 우리는 어떤 모델을 만들 수 있을까? 가슴이 두근거린다."

송정복, 희망제작소 자치분권팀장

"경제, 사회 그리고 환경 모든 부문의 문제가 나날이 심각해지고 있는 이때, 이 책은 지역의 공공 당국과 기관 그리고 시민들이 박탈감에서 벗어나 자신들의 지역 공동체를 다시 구축할 방법에 대해 강력하면서도 상세한 로드맵을 제시한다."

가 앨퍼로비츠(Gar Alperovitz)와 테드 하워드(Ted Howard),
'협력하는 민주주의(The Democracy Collaborative)' 공동 설립자

"우리 사회가 직면한 여러 도전이 너무 요원하고 복잡해서 어찌해 볼 도리가 없다고 느껴지는 이때, 이 책은 활동가나 캠페인 담당자 모두에게 어떻게 하면 자기네 지역 경제를 밑바닥부터 싹 바꿔 놓을 수 있을지 그 방법에 대해 중대한 통찰력을 제공한다."

그레이스 블레이클리(Grace Blakeley), 『금융 도둑』 저자

"이 책은 어떻게 도시와 마을이 현재 자신의 사회 경제적 패러다임을 평가하고 경제 민주주의에 토대를 둔 새로운 사회 변화 모델을 수립할 수 있는지를 설명하는 매우 유용한 도구다. 프레스턴은 몬드라곤이 수십 년 전에 시작한 일을 오늘날 이끌어 가고 있다."

이본 주가스티 고로스티디(Ibon Zugasti Gorostidi), 몬드라곤 협동조합 수석 미래전략가

"프레스턴의 매튜 브라운이 작가이자 역사가인 리안 존스와 함께 쓴 이 책은 프레스턴 모델이 어떻게 돌아가는지를 설명하고, 이 경제 모델이 거둔 성공을 따라 하고 싶은 지역공동체에게 유용한 도구 상자를 제공한다."

《인디펜던트(The Independent)》

"'프레스턴 모델'이라고들 하는 이 모델이 전국에 적용된다면, 가히 혁명적이라 할 수 있겠다."
《옵서버(The Observer)》

"뛰어난 발상을 담은 이 작은 책은 지역의 쇠퇴에 맞설 해결 대안으로 '공동체 자산 구축'을 제시한다. 이 개념은 노동자 소유 사업체, 공동체 토지 신탁과 지역 공동체 은행 등의 전략을 포괄하며, '규모가 작고 사회적 책임감이 투철한 기업'을 개발함으로써 지역 회생을 지역의 권한 강화와 하나로 묶는다."
《뉴 스테이츠맨(New Statesman)》

"이 책은 여러 해 동안 긴축과 신자유주의에 시달렸음에도 영국 전역의 마을과 도시, 지역에서 진정한 경제적 대안이 출현하고 있음을 시의적절하게 상기시킨다. 나는 예비내각의 재무장관으로서 프레스턴에서 벌어진 일을 지원했고 더 넓게는 새로운 민주적 경제의 주춧돌로서 공동체 자산 구축을 지지했다. 이 운동이 지난 몇 년간 어떻게 성장해 왔고 그 성격이 얼마나 국제주의적인지를 보고 있노라면 흥미진진한 기분이다. 이 책은 이런 일이 어떻게 일어났는지 설명해 주며, 당신이 동참할 방법을 안내해 줄 것이다."
존 맥도넬(John McDonnell), 노동당 예비내각 재무장관(2015~2020)

"긴축으로 고통스러웠던 지난 10년 동안 영국에서 시도되었던 온갖 정치적 실험 가운데, 가장 대담하면서 아주 흥미로운 실험을 하나 꼽으라면 주저 없이 프레스턴에서 벌어지고 있는 일을 꼽겠다. 게릴라식 지역시민주의와 대

안을 구축하려는 의지를 바탕으로 프레스턴의 실험은 야만적 돌연변이종 같은 자본주의가 망쳐 버린 모든 도시와 마을과 교외 지역에 현실적이고 진정한 희망을 제공한다. 프레스턴 시의회 의장으로서 이 일을 해낸 매튜 브라운이 직접 저술한 이 책은 그 실험이 어떻게 시작되었는지를 알려 주는 진솔한 이야기이자 우리를 깨달음으로 인도하는 가르침이다.”

아디티아 차크라보르티(Aditya Chakrabortty), 《가디언(The Guardian)》 수석 경제논설위원

“이 책에는 우리에게 지금 당장 필요한 모든 것이 담겨 있다. 이 시대에, 바로 지금 실제로 작동하고 있는 지방자치 혹은 시정 사회주의(municipal socialism)에 관한 이 활용 가이드를 현시대 좌파 최고의 작가 중 한 사람이자 최고의 시의회 의원 가운데 한 사람이 만들어 냈다. 유용한 정보를 담고 있고, 명료하며, 열정적이고 사려 깊은 이 책은 사회주의자라면 모두가 읽어야 할 필독서다.”

오언 해덜리(Owen Hatherley), 『붉은 런던(Red Metropolis)』 저자

CONTENTS

서론 … 13

제1부 ‖ 끝과 시작들

위기의 지역 경제 … 18

민주적 지역시민주의의 간략한 역사 … 29
몬드라곤 모델 ┃ 클리블랜드 모델 ┃ 프레스턴 모델 ┃
아래로부터의 변화가 세상을 바꾼다

왜 공동체 자산 구축인가 … 41
신뢰 잃은 모델과 불만을 넘어서 ┃ '지역'을 다시 위대하게

문제는 하나지만, 대안은 무궁무진하다 … 50
100곳의 지역, 100개의 해답 ┃ 생각은 세계적으로 행동은 지역적으로 ┃
포용적 지역주의

"통제권을 되찾자" … 57

동의의 중요성 … 63

제2부 ‖ 프레스턴 이야기

프레스턴에서 일어난 놀라운 변화 … 70
프레스턴에는 어떤 문제가 있었을까 ∣ '공동체 자산 구축'이라는 아이디어 ∣
프레스턴 모델의 개발 ∣ 사례로 살펴본 앵커 기관의 역할

진보적 조달 … 86
진보적 조달이란 무엇인가 ∣ 지역 의회의 역할

경제 민주주의로 나아가기 … 91
노동자 소유 협동조합 ∣ 프레스턴 디지털 재단의 사례

지역을 중심으로 … 98
지역 공동체에 대한 재정 지원 ∣ 지역에 끼친 영향 ∣ 이견과 비판에 맞서

활용 가이드 … 107

제3부 ∥ 공동체 자산 구축, 근린 공동체에서 국가까지

지역시민주의의 가능성 … 112

진정한 '큰 사회'로 나아가기 … 116
권한 이양과 공동체 자산 구축 ∣ 대체 앵커 기관 찾기 ∣ 공동체 참여에 대한
약속 ∣ 주민 참여 예산이란 무엇인가 ∣ 주민 참여 예산은 어떻게 작동하는가

일자리와 돈 … 135
제조업 쇠퇴에 대한 예전의 접근법 ∣ '기초 경제'라는 새로운 접근법 ∣
내부 조달 ∣ 협동조합 ∣ 대안적 금융 모델: 신용조합과 시민은행 ∣
신용조합이란 무엇인가 ∣ 신용조합 만드는 법 ∣ 시민은행이라는 해법

토지, 공간, 자산 … 156
주택 문제 ∣ 뉴엄자치구의 사례 ∣ 공동체 토지 신탁이란 무엇인가 ∣
공동체 토지 신탁 만드는 법 ∣ 공동체 자산 이전 ∣ 중심가를 살리는 방법

지속 가능한 미래들 … 170
웨일스 밸리 지역의 사례 ∣ 조언은 더 적게, 실행은 더 많이 ∣
'위원회 사람들'을 넘어 ∣ 발생 가능한 문제들 ∣ 토지 책임 관리 프로젝트
시작하기

결론 … 184

해제: 공동체 부의 구축을 통한 민주적 지역 순환 경제 … 186

부록1 한눈에 살펴보는 지방자치와 주민 참여 … 199
부록2 공동체 자산 구축 전략과 관련된 참고 자료 … 218

주 … 234
감사의 글 … 239

일러두기

- 프레스턴 모델의 핵심이라 할 수 있는 'Community Wealth Building'은 주로 '공동체 부 만들기' 또는 '지역 사회 부 만들기' 등 다양하게 번역되고 있다. 이 책의 본문에서는 지역 을 기반으로 한 모든 단체와 집단을 폭넓게 아우르기 위해 'Community'를 '공동체'로, 유·무형의 모든 경제적 가치를 포괄하기 위해 'Wealth'를 '자산'으로 번역해 'Community Wealth Building'을 '공동체 자산 구축'으로 표기했다. 다만 각각 따로 쓰인 경우 맥락에 따라 'Community'는 공동체, 지역 사회 등으로, 'Wealth'는 자산, 부(富) 등으로 옮겼다.

- 원서의 '부록1' 부분에는 영국의 지방자치제도를 소개하고, 영국 지방의회가 하는 일을 설명 하는 내용이 담겨 있었다. 이를 대신해 이 책에서는 희망제작소 송정복 자치분권팀장의 도 움으로 한국의 지방의회가 하는 일과 지방자치제도, 현재 우리나라에서 시행 중인 다양한 주민 참여 제도를 소개하는 내용을 수록했다.

- 원서의 주석은 미주로, 독자의 이해를 돕기 위해 옮긴이가 더한 설명은 각주로 정리했다.

- 단행본 도서는 『 』, 논문, 보고서 등은 「 」, 언론명은 《 》로 표기했다.

이 책에서는 지역 수준에서 변화를 만들어 내는 방법과 이를 통해 전 지구적 차원에서 벌어지고 있는 광범위한 변화의 물결에 동참할 방법을 살펴본다. 전 세계적으로 새로운 형태의 경제가 필요하다는 인식이 점차 커지고 있다. 2008년 금융 위기와 기후 위기, 그리고 코로나 바이러스 감염증-19(이하 코로나-19)에 대응해 각국 정부는 예전이라면 생각지도 못했을 개입 조치를 시행하고 있다. 이로써 정부의 개입이 경제의 작동 방식을 바꿀 수 있음이 증명되었다. 이런 사태들의 결과는 파괴적이지만 한편으로는 경제나 정치 측면에 탐구하고 실험해 볼 새로운 공간을 열어 준다. '공동체 자산 구축(Community Wealth-Building)' 전략은 이 변화의 순간이 다국적 기업이 아니라 지역 공동체를 위해 작용하도록 하는 데 그 목적이 있다.

영국과 미국을 비롯한 여러 나라에서 정치 성향이 좌인지 우인지를 막론하고, 지역 간에 그리고 지역 내에서 부와 기회에 심각한 격차가 벌어졌으며 이를 해소하려면 새로운 방법을 모색해야 한다는 목소리에 많은 이가 동의하고 있다. 수십 년에 걸쳐 제조업이 쇠퇴하고 긴축이 시행되면서 여러 지역 공동체가 침체했지만, 중앙 정부는 점점 더 지역 현실과 동떨어진 결정을 내리고 있다. 이런 상황에서 사람들은 자기 삶이 달린 일련의 사태에 영향을 가할 힘이 없다는 무력감에 사로잡혀 있다.

이 책의 1부에서는 '공동체 자산 구축'이라는 아이디어의 역사와 이를 뒷받침하는 몇 가지 사상을 살펴본다. 또 지역 사회의 '민주적 참여(democratic engagement)'를 위해서는 어떤 문제가 해결되어야 하는지 살필 것이다. 이는 공동체 자산 구축이 지닌 잠재력을 성공적으로 실현하려면 꼭 해결되어야 할 문제들이다.

최근 공동체 자산 구축 전략의 모범 사례로 영국의 프레스턴이 떠오르고 있다. 프레스턴 모델이 거둔 성공은 공동체 자산 구축이라는 아이디어가 실제로 작동할 수 있으며 지역 공동체에 유의미한 수준으로 부와 권력을 되돌려 놓을 수 있다는 사실을 보여 준다. 2부에서는 프레스턴 모델을 상세히 살펴볼 것이다. 이를 통해 우리는 프레스턴 모델이 지역 경제를 변화시키고 경제적 관계를 재구성하는 수많은 방식 가운데 하나일 뿐이라는 점을 분명히 알 수 있다.

프레스턴의 사례를 다른 곳에서도 쉽게 따라할 수 있는, '모든 상황에 들어맞는 청사진'으로 여겨서는 안 된다. 오히려 프레스턴에서는 지역 공동체와 여러 운동 조직과 기업체와 단체가 자신들이 처한 상황에 대처하기 위해서 제 나름의 전략을 개발했다. 3부에서는 국가 수준에서부터 지역, 도시, 근린 공동체 수준에 이르기까지, 영국 전역에서 실행되고 있는 다양하고 흥미로운 사례를 살펴본다.

공동체 자산 구축 전략은 보통의 개인과 집단이 자신의 삶을 개선하기 위해 각종 자원을 소유하고, 자원의 사용 방향을 제시하고 통제할 수 있다는 믿음을 핵심으로 한다. 중앙 정부와 의회가 경제적 변화를 일으킬 것이라는 가망성이 거의 없는 지금, 지역에서 이루어지는 행동은 희망과 변화를 낳는 중요한 원천이 되고 있다. 그렇기에 책의 끝부분에 독자들을 위해 자기 지역의 지방자치단체에 관여하는 방법에서부터 자신만의 협력 프로젝트를 시작하는 방법을 정리해 두었다. 부디 이 책이 지역 사회의 변화를 위해 활동하고 있는 사람이나 이제 막 참여를 시작하는 사람 모두에게 유익한 조언과 영감이 되기를, 나아가 '보편적으로 적용할 수 있는 지역시민주의(universalisable localism)'의 청사진을 제공하기를 바란다.

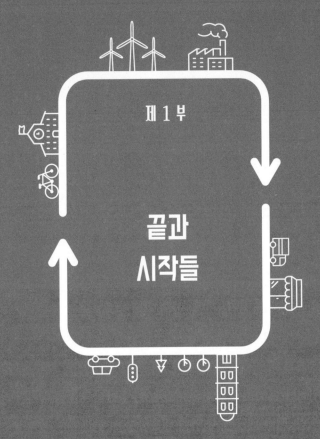

제 1 부

끝과
시작들

위기의 지역 경제

2019년 영국 재무성의 한 전직 고문은 놀랍게도 대놓고 이렇게 인정했다. "이제 자유시장 실험은 해 볼 만큼 해 봤죠. 하지만 40년이 지난 지금 우리가 볼 수 있는 건 그 결과가 아주 참담하다는 겁니다. 생산성은 낮아졌고, 지역 불평등은 심해졌으며, 시스템은 장기적 위험이나 장기 투자 요구에 전혀 대응하지 못하고 있습니다."[1]

솔직담백한 말이긴 하나 이 말이 우리 대부분에게 뉴스거리가 되지는 않는다. 현재의 위기는 벌써 수십 년째 진행 중이며, 이 위기는 복지 국가의 퇴조, 제조업의 쇠퇴, 임금과 노동 조건의 악화, 지역 사회 기반 시설의 약화를 불러온 지난 40년 동안의 경제 전략에 뿌리를 두고 있다. 2008년 금융 위기에 대응하여 시행된 긴축 정책으로 이 모든 사태는 악화일로를 걸었다.

2008년 금융 위기 이래 영국 정부는 이런 결과를 낳은 원인이 규제가 풀린 금융 부문의 무모함과 역기능에서 비롯되었음을 단 한 번도 인정하려 들지 않았다. 오히려 유럽 전역의 다른 나라 정부들과 마찬가지로 긴축 정책을 채택했다. 이는 그런 시책에 대처할 능력이 거의 없다시피 한 이들의 재정적 부담을 가중했고, 재정 부족을 겪고 있는 공공 서비스에 더 큰 부담을 안겨 주었으며, 집을 잃는 사람과 푸드 뱅크 이용자가 눈에 띄게 늘어나는 결과만을 초래했다. 싱글맘, 실업자, 장애 수당 수급자 들에게 '당신들이 국가에 복지를 요구한 탓에 나라의 재정 준비금이 거덜 나고 있다'는 비난이 쏟아졌다. 하지만 정작 금융 위기를 불러온 런던 금융가의 설계자들에 대해서는 일언반구도 없었다. 제조업이 몰락한 지역들은 방치되었고 상황은 계속 악화해 갔다. 이와 달리 런던과 사우스이스트 잉글랜드의 금융 부문은 계속해서 부를 축적해 나갔다. 2019년에 UN의 의뢰로 작성된 한 보고서에서는 지난 10년간 영국에서 시행된 긴축 정책의 결과를 의도적으로 부과된 불필요한 "사회적 재앙"이라 묘사했다. 또한 "여성, 아동, 장애인, 노인과 흑인·아시아인·소수민족(BAME, Black, Asian and Minority Ethnic) 공동체에 체계적 불이익을 안겨 주었다"라고 밝혔다.[2] 영국 안팎에서 타격을 받고 고군분투하는 사람들과 투자 은행 및 증권 중개인의 자산 격차는 점점 커지고 있으며, 이런 현상은 그 어느 때보다 확연하게 드러나고 있다.

사태가 이 지경에 이르기 전에도 제조업의 쇠퇴로 인해 수많은 지역 공동체에 초래된 구조적 실업과 빈곤은 이미 문제였다. 하지만 문제를 해결하기 위한 종전의 대응책은 외국인 투자와 부동산 개발업체가 주도하는 고용과 주택 공급 전략에 계속해서 매달리는 것뿐이었다. 중앙 정부와 지방 정부 모두 사업의 질이나 조건, 장기적 안정성을 도외시한 채 일자리의 양만을 늘리기에 급급했고, 지역 회생 계획을 제대로 시행하지 못하거나 실패한 기업들에도 공적 자금을 그냥 가져다 바치는 일이 벌어졌다. 중앙 정부의 예산 삭감과 지방 정부에 대한 가혹한 정책이 영국에서 지역의 선출된 대표자들이 중앙의 대표자들만큼이나 대중의 믿음을 잃게 된 이유 중 하나일 것이다. 하지만 또 다른 이유도 있다. 지방 정부를 자기 출세를 위한 도구로 이용하는 이들이 많고, 쇠퇴를 극복할 대안을 찾는 것이 아니라 이를 어쩔 수 없는 일로 받아들이고 별다른 대책 없이 그냥저냥 관습대로 일하는 이들이 지방 정부를 맡아서 운영하는 일이 빈번하다는 것이다.

솔직히 말해서 우리는 완전히 난장판에 빠져 있다. 책임자 중 누구도 이 사태를 해결할 마음도, 그럴 능력도 없어 보인다. 우리는 위기에 빠졌고 이를 알리는 적신호가 허다하게 울렸는데도 번번이 무시하고 다른 사람 탓으로 돌리곤 했다. 하지만 이제 더는 부인하기 어려운 지경에 이르렀다. 거주하던 집의 골조가 아예 무너질 참이고, 우리에게 남은 선택은 두 가지뿐이다. 우리 주변의 것들이 계속해서 무너져 내리도록 내버려 두거나 아니면 건물을 새로 짓기 위해 이사를 하는 것이다.

이 일은 꼭 해야 하지만 오랫동안 뒷전으로 미뤄 둔 과제처럼 쉽지 않을 것이다. 긴급한 기후 변화 문제가 그러하듯 현재 정치와 경제

권력의 중심은 국가의 경계 너머로까지 확장돼 있다. 1999년 시애틀에서 벌어진 WTO 뉴라운드 출범 반대 시위부터 '점령하라(Occupy)' 및 '흑인의 생명도 소중하다(Black Lives Matter)' 운동과 환경 파괴에 맞선 수많은 운동에 이르기까지, 지난 수십 년 동안 벌어진 대안세계화 운동과 국제적 시위는 위기가 전 세계적 규모로 전개되고 있음을 똑똑히 보여 주었다.

여기에 더해 정부가 수십 년에 걸쳐 노동조합을 직접 공격하고 산업을 민영화함으로써, 그리고 노동시장이 임시적이고 불안정한 고용과 긱 경제(gig economy)*로 이행됨으로써 노동자들의 조직이 와해하고 있다. 이는 해 오던 방식대로 일자리와 노동 조건을 지키는 것이 점점 더 효과가 없어지고 있으며, 심지어 불가능해졌음을 뜻한다.[3] 하지만 세계산업노동자연맹(IWW, Industrial Workers of the World)과 영국독립노동자연합(IWGB, Independence Workers' Union of Great Britain)처럼 종전과 다른 자주적인 노동조합이 되살아나고 있고, 이들 조직이 청년과 이민자를 비롯해 전통적으로 노동조합에 속해 있지 않던 분야와 그 소속 노동자를 포용하고 있다. 이처럼 상황을 비관하거나 포기하지 않고 조직 구성 방법이나 행동 방식을 조정하면, 지금의 변화에 대응할 수 있다. 오늘날 노동 계급은 역사적으로 노동조합에 속

---

*   필요에 따라 기업들이 단기 계약직이나 임시직으로 인력을 충원하고 대가를 지급하는 형태의 경제를 말한다.

해 있지 않던 노동자의 상당 부분, 즉 너무 단기적이고 들쭉날쭉한 노동으로 인해 조직화하기 어렵다고 여겨져 왔던 소매업 및 서비스업 종사자, 그리고 긱 경제에서 일하는 불안정하고 원자화된 '새로운' 형태의 노동자를 포괄한다. 지난 몇 년에 걸쳐 이 분야 노동자들은 투쟁적인 집단으로 떠올랐으며 성공적으로 조직을 구성하고 있다. 영국만 하더라도 음식 배달 회사인 딜리버루(Deliveroo), 제빵 체인 그렉스(Greggs), 영화관 네트워크인 픽쳐하우스 시네마스(Picturehouse Cinemas), 맥도날드와 펍 체인 웨더스푼스(Wetherspoons)의 노동자들이 급여와 노동 조건을 지켜 내기 위한 행동에 나섰다. 불안정한 긱 경제 노동에 종사하는 노동자들이 압박과 착취에 대해 보인 대응은 일반 주민들에게도 비교적 무력하게 보이는 상황에서조차 긍정적 변화를 일으킬 잠재력이 있음을 보여 준다.

또한, 버니 샌더스(Bernie Sanders)의 민주적 사회주의(democratic socialism)에 대한 미국 대중의 호응과 코빈 프로젝트(Corbyn project)* 에 대한 영국 대중의 전례 없는 지지, 그리고 유럽 전역에서 기성 중도 정당의 지지 기반 상실을 불러온 대중의 정치적 변화는 사람들이 변화하지 않는 정치에 대해 적극적으로 대안을 모색하고 있음을 보여 준다. 샌더스나 코빈의 '순간들'이 선거의 승리를 가져오지는 않았

---

*   제레미 코빈(Jeremy Corbyn) 전 영국 노동당 대표가 2021년 1월에 발족한 '평화와 정의를 위한 프로젝트(Project for Peace and Justice)'를 말한다.

지만, 그렇다고 이들 두 사람을 뒷받침한 운동의 중요성이나 이들이 불러일으킨 대중의 지지를 부정할 수는 없다. 이러한 정치적 약진을 낳은 구조적 조건은 여전하며, 계속해서 다른 무언가에 대한 요구를 부채질할 것이다.

2017년 영국 총선에서 노동당은 뜻밖의 성공을 거뒀다. 이 성공의 핵심에는 '좌파적 공약'으로 선거 운동을 전개한다는 결단이 있었다. 공약만 놓고 보면 온건한 것이었지만, 그럼에도 사회주의적인 정책을 내세워서는 선거에서 이기지 못할 것이라고 단정했던 종래의 선거 운동 양상에서 단호하게 탈피한 것이었다. 코빈주의(Corbynism)가 현재 상태에 대안을 제시함으로써 노동당은 지난 수십 년간 쌓여 왔던 갈 곳 잃은 분노와 불만에 불을 지필 수 있었다. 노동당은 직전 해에 유럽연합 탈퇴를 두고 국민투표가 치러지는 동안 보수당 정권으로부터 거센 공격을 받았던 인종과 이민이라는 허수아비에 초점을 맞추기보다는 긴축, 저임금, 직업 불안정, 공공 서비스에 대한 재정 지원 부족 사태 같은 노동 계급의 이슈를 우선시했다. 코빈의 리더십 덕분에 노동당원 수가 50만 명을 넘어섰는데, 이는 노동당에서 탈퇴한 수많은 기존 당원을 다시 불러들인 것을 넘어서 처음으로 투표권을 행사하는 젊은 계층과 주류 정치가 자기네 권리를 박탈했다고 여기는 사람들에게서 큰 반향을 불러일으켰다는 사실을 나타낸다.[4]

버니 샌더스가 미국 민주당 대통령 후보로 지명되지 못했기 때문에 그가 도널드 트럼프(Donald Trump)에게 얼마나 잘 맞설 수 있었을지 말하기는 어렵다. 비록 미국 바깥의 맥락에서 보면 샌더스의 급진주의가 상당히 온건하게 비칠 수도 있겠지만, 그 역시 코빈과 마찬가지로 당당하게 민주적 사회주의를 내세우고 있다는 점에서 괄목할 만하다. 이는 미국 주류 정치의 최근 역사에서 유례가 없는 일이었다. 샌더스는 트럼프에게 승리를 가져다주었다고들 하는, 관심받지 못하고 경제적으로 빈곤한 노동 계급에게서 지지를 끌어냈다. 동일한 인구 집단의 지지를 받았지만 샌더스는 트럼프와 달리 백인 우월주의나 인종차별, 기독교 근본주의자와 보수주의자 들의 반발을 내세워 이들에게 호소하지 않았다. 코빈처럼 샌더스 역시 노동 계급이 제조업 쇠퇴 이후 방치되었으며 그로 말미암아 사회 경제적으로 심각한 악영향을 받고 있다는 현실을 부인하지 않았고, 그 원인이 지난 40년에 걸쳐 우파뿐 아니라 주류 좌파도 신자유주의를 제어하거나 문제시하지 않고 그대로 받아들여 왔다는 데 있다는 걸 분명히 했다.

코빈과 샌더스 그리고 포르투갈의 안토니우 코스타(António Costa)* 가 거둔 성과는 저물어 가고 있는 다른 여러 중도 좌파 정당의 운명과 대비된다. 대다수 중도 좌파 정당은 신망을 잃어버린 중도주의적 합의를 대체할 명확한 대안을 내놓지 못했고, 그 결과는 선거 참패였다. 이런 중도 좌파 정당의 참패는 극우 세력의 부상 내지 부활과 더불어 지난 몇 년 동안 유럽 여러 지역의 선거에서 나타난 특징이다. 2017년

***

* 　　포르투갈의 정치인이자 법률가로 현재 사회당의 서기장이자 현직 총리다.

에 치러진 프랑스 대통령 선거에서는 브렉시트를 부추기고 트럼프를 당선시킨 것과 같은 우파 포퓰리즘이 기성 좌파와 우파 정당 모두를 향한 대중의 만연한 불만과 손잡고서 국민전선(Front National)의 마린 르 펜(Marine Le Pen)에게 승리를 가져다줄지도 모른다는 두려움이 팽배했다. 실제로 이런 일이 벌어지지는 않았다. 하지만 르 펜뿐만 아니라 좌파 포퓰리스트 장 뤽 멜랑숑(Jean-Luc Mélenchon)이 선전하며 기존 양대 정당이 선거에서 패퇴했다. 최종 승자 에마뉘엘 마크롱(Emmanuel Macron)은 또 한 명의 자칭 '이단아'였으며 중도주의 정치의 구원자 노릇을 하기는커녕 당선 이후로 프랑스 전역에 널리 퍼진 대중의 불만을 주도했다. 이런 불만의 상당 부분은 지역을 기반으로 조직되었다. 이와 비슷하게 2017년에 실시된 네덜란드와 독일의 선거에서도 기성 정당이 퇴조하는 흐름이 뚜렷이 나타났다.

영국과 미국, 그리고 대부분의 유럽 국가에서 수십 년에 걸쳐 경기 침체가 지속하고 정치가 이를 도외시한 결과 불안정한 유권자 집단이 생겨났고, 이들은 현재의 실패한 합의에서 벗어날 방법을 찾고 있다. 이다음 어떤 사태가 벌어질지는 우리에게 어떤 대안이 제시될지에 달려 있다. 최근 유럽과 미국에서는 급진적인 지방자치 개혁 운동이 바르셀로나, 마드리드, 암스테르담, 미국 미시간주 잭슨 카운티 등지에서 선거에서 승리하는 등 눈부신 성공을 거두고 있다.[5] 2020년 프랑스 지방 선거에서는 지역 시민이 주도하는 좌파 및 환경주의 운동이 괄목할 만한 성과를 거뒀다. 영국에서도 현 상황에서 탈피해

야심 찬 지역 실험을 수행한 이들이 선거에서 승리를 거두고 있다. 2019년 총선에서 노동당은 핵심 지지 지역에서 큰 패배를 맛보았지만, 프레스턴은 이런 흐름을 거스른 몇 안 되는 선거구 중 하나였다.

코로나-19 팬데믹으로 경제와 사회를 지속시키기 위한 복잡하고 지나치게 확장된 글로벌 공급망이 드러났고, 이와 더불어 가장 가난하고 그 가치를 가장 적게 인정받는 청소, 보건, 교통, 돌봄 부문 노동자들에게 우리가 얼마나 크게 기대고 있는지가 극명하게 드러났다. 이런 부문의 일자리는 필수적이고 중요하지만 불안정하고 박봉일뿐더러 청년이나 여성, 흑인·아시아인·소수민족이나 이민 노동자가 주를 이루는 경우가 흔하다. 코로나-19 팬데믹이 영국에서 위세를 떨치자 준비가 부족했던 영국 정부는 개인 보호 장구를 전혀 효율적이지 않은 방식으로 공급했고, 이 때문에 공공 의료 서비스인 NHS(National Health Service) 소속 의료진은 적절한 보호 장비도 갖추지 못한 상태로 의료 최전선에 투입되었다. 또한 불안정한 긱 경제 부문에 종사하는 이들은 병에 걸려 일을 쉬게 되면 임금 보전을 받지 못하기 때문에 접촉 제한 또는 자가 격리 처분을 받을 경우 급여를 포기하거나 목숨을 걸고 계속 일하는 것 중에서 하나를 택할 수밖에 없었다.

봉쇄 조치로 인해 많은 것이 드러났다. 지난 수십 년 동안 정부의 지출 증가를 매도하고 부정해 왔던 영국 정부가 수십억 파운드를 쏟아부었다. 뜻밖에도 수백만 명이 적잖은 비용에 진 빠지고 환경에 악영향을 주는 통근을 하지 않고 재택근무를 해도 문제없다는 사실도 확인되었다. 수많은 근린 공동체에서 상호 부조 네트워크가 자발적으로 형성되기도 했다. 이러한 현상은 기존의 사회적·경제적 질서가 돌에 새긴 듯 고정불변한 것이 아니라는 사실을 보여 주었다. 상호 부조 집단이 생겨나던 초창기, 여기에 참여한 사람들 상당수는 조직화가 필요하다고 생각했고 이에 대한 자발적 의지를 드러내 보였다. 이들은 그저 취약한 이웃이 없는지를 확인하는 일에 그치지 않고, 보건, 교통, 돌봄, 청소 분야 노동자를 비롯해 팬데믹에 직격탄을 맞은 이들 간의 연대에 초점을 맞추는 한편, 무시간 노동 계약(zero hours contract)* 으로 일하다가 자가 격리를 해야 하는 경우에서부터 임차료를 내는 문제에 이르기까지 봉쇄 조치로 인해 개인들이 마주할 만한 다양한 사회·경제적 문제 해결에 도움을 줄 준비를 했다. 여기에는 상호 부조 네트워크가 국가와 어떻게 협력할지에 관한 문제와 지난 10년간 긴축을 기조로 이른바 '큰 사회(Big Society)'** 정책이 시행되면서 벌어졌던 것처럼 복지를 제공할 책임이 점점 더 자발적 집단과 자선 부문에 떠넘겨지는 사태를 어떻게 막을 것인가 하는 중차대한 문제가 있다. 이러한 문제에도 불구하고 현재 지역을 기반으로 조직된 네트

---

*   정해진 노동 시간 없이 고용주가 요청할 때만 업무를 진행하는 비정규직 노동 계약으로, '제로 시간 계약' 또는 '0시간 계약'으로도 불린다.

**   2010년에 집권한 영국 보수당 정부의 데이비드 캐머런(David Cameron) 총리가 주장했던 정책 기조이자 정치 철학으로, 정부의 역할은 줄이고 지역 사회가 자발적으로 복지를 제공하도록 하는 데 주안점을 두었다.

워크를 통해 서비스를 제공하는 일이 급증하고 있고, 이는 지역의 서비스를 지역 공동체가 직접 통제하고 지휘해야 한다는 인식과 그 가능성을 보여 준다는 점에서 의미가 있다.

현재의 위기에서 작은 희망을 찾아본다면 종전의 확실성이 붕괴함으로써 새로운 계획이 실현 가능한 일이라는 사실이 밝혀지고 필연적인 것이 되고 있다는 점이다. 기후 위기와 경제 침체의 규모가 전 지구적이라는 말은 그 대안을 찾으려는 노력 역시 전 지구적이면서 국제주의적이어야 한다는 사실을 의미하지만, 지난 10년간 지역 수준에서도 이러한 문제에 대처하려는 다양한 시도가 이루어졌다. 전 세계의 근린 공동체와 마을과 도시가 공공 지출, 기업 소유권, 주거를 비롯한 사회 서비스 제공을 두고 대안적 모델들을 만들어 나가고 있다. 이 같은 지역 중심의 접근법은 해당 지역의 즉각적인 물질적 개선을 이뤄 내는 것에 더해 인종차별과 외국인 혐오를 앞세워 통제와 안정을 주장하는 중앙집권적 권위주의나 우파 포퓰리즘에 맞서는 시도이기도 하다.

민주적 지역시민주의의 간략한 역사

지역 공동체가 불평등과 쇠퇴에 대응하기 위해 새로운 경제·사회적 모델을 개발하고 서로 협력할 방법을 모색해 가면서 '공동체 자산 구축(Community Wealth-Building)' 전략이 새롭게 떠오르고 있다. 이 전략은 지역과 지방에 주력한다는 협동조합 운동의 계획과 원칙에 바탕을 둔다. 일반 주민은 자신에게 자기 삶에, 그리고 자기 지역 공동체에서 진행되는 일과 그 방식에 영향을 끼칠 힘이 거의 없다고 느낄 수 있지만, 지역에는 의사를 결정할 수 있는 권한과 압력을 행사할 곳이 꽤 많다. 여기에는 권한과 자원이 크게 줄었음에도 여전히 많은 일을 하는 지방자치단체를 비롯해 협동조합, 노동조합, 각종 사회 운동 단체, 종교 단체, 상호 부조 네트워크, 지역 은행과 지역 정당 등 지역 기반의 다양한 조직과 단체를 들 수 있다.

조 귀넌(Joe Guinan)과 마틴 오닐(Martin O'Neill)은 『공동체 자산 구축을 옹호하며(The Case for Community Wealth-Building)』에서 공동체

자산 구축이라는 용어의 실용적 정의를 다음과 같이 제시했다.

공동체 자산 구축은 협력적이고 포괄적이며 지속 가능하고 민주
적으로 통제된 지역 경제를 구축하는 데 주안점을 둔 경제 발전
전략이다. 전통적으로 시행된 조세 감면이나 외주(outsourcing)
나 민관협력을 통한 경제 발전 전략은 기업 소재지에 제약을 두지
않는 경우가 흔하고, 그렇다 보니 지역 공동체에 아무런 충성심도
없는 다국적 기업에 보조금을 지급하느라 수십억 파운드를 허비
하고 만다. 이와 달리 공동체 자산 구축 전략은 다양한 기관과 정
책을 활용해 지역 경제의 민주적 공동 소유에 힘을 싣는다. 여기
에 함께할 수 있는 기관으로는 노동자 협동조합, 공동체 토지 신
탁, 공동체 개발 금융 기관, 시영 공기업 및 지방 공기업, 공공 은
행 및 공동체 은행 등이 있고, 시행 중인 정책으로는 이른바 '앵커
기관(anchor institutions)' 조달 전략을 들 수 있다.[6]

공동체 자산 구축 전략은 세계 곳곳에서 자치 정부, 노동에 대한
민주적 통제, 공동체의 공익 시설 소유와 상호 부조를 시도해 왔던 살
아 숨 쉬는 역사에 새로운 힘을 불어넣고, 이를 굳건히 만들고 있다.
이 모든 것은 사회주의, 무정부주의, 협동조합 운동, 환경주의의 오랜
전통에 그 바탕을 두고 있다. 1871년의 파리 코뮌(Paris Commune)에
서 발원한 이 이념은 1912년 웨일스의 광부들이 노동자의 경제적 자

원 장악을 촉구할 목적으로 작성한 소책자 『광부들의 다음 임무(The Miners' Next Step)』를 거쳐 1930년대 스페인의 무정부주의자 공동체와 구 유고슬라비아에서 시도된 공동체 건설 프로젝트 및 노동자들의 공장 자주 관리로 면면히 이어졌다. 1976년에 작성된 루카스 플랜(Lucas Plan)에도 노동자 소유와 관련하여 실현 가능성이 큰 몇 가지 제안이 담겨 있다. 루카스 플랜은 정리해고 사태에 직면한 영국 노동자들이 일자리를 지키기 위해 기존의 군수품 생산에서 지속 가능하며 사회에 쓸모 있는 제품을 만드는 쪽으로 회사의 방향을 전환하는 내용을 담은 계획으로, 비교적 최근인 2019년에는 북아일랜드 벨파스트 지역의 할란드 앤드 울프(Harland & Wolff) 조선소에서 이와 유사한 플랜이 새롭게 가동되었다. 1990년대에는 웨일스 남부에 위치한 타워 탄광(Tower Colliery)의 노동자들이 탄광을 매수하여 직접 운영하는 데 성공을 거둔 바 있다.[7]

멕시코의 치아파스에서는 약 30년에 걸쳐 사파티스타(Zapatista) 운동 세력이 협동조합과 토지조합에서 거둬들인 이익을 재원으로 자치정부뿐 아니라 학교와 병원을 비롯한 공동 사회 시설 및 제도를 설립, 발전시키고 있다. 좀 더 최근에는 시리아 북부의 쿠르드족 자치 지역인 로자바에서 쿠르드족이 치아파스에서처럼 집단적 자치 정부 프로젝트를 실시하고 있다. 이 프로젝트는 분권화된 민주주의를 지속 가능한 환경 및 여성 인권과 하나로 묶고 있다. 아르헨티나에서는 2001년 경제 붕괴를 겪은 대중이 수평주의(horizontalism) 원칙을 통해 사회

의 다양한 부문에서 집단적 의사 결정을 우선시하는 방향으로 나아
갔다. 수평주의는 현재 세계 각지의 대중 운동에서 빼놓을 수 없는
요소가 되고 있다. 이탈리아 일부 지역에서 심각한 홍수 피해를 입은
지역 공동체에 중앙 정부가 필요한 지원을 제대로 해 주지 못하자 해
당 지역 주민이 모여 근린 공동체 의회(neighbourhood council)를 세운
사례처럼, 이런 운동은 대부분 중앙 정부의 무관심이나 부족한 지원
때문에 생긴 공백을 메우기 위해 생겨났다. 요크셔와 랭커셔 지역의
프래킹 반대 운동에서부터 지역의 광물, 석유, 목재를 추출하는 행위
에 대한 선주민 공동체의 저항에 이르기까지, 지역 자원이나 지역민
의 건강과 생계를 위험에 빠뜨리는 정부나 기업 주도 전략에 반대하
는 이들도 있다. 국민투표를 발의해 오랫동안 유지되어 온 임신 중절
금지를 뒤집은 아일랜드의 시민 의회(citizens' assembly)처럼 풀뿌리 운
동이 국가 정책에 영향을 끼칠 능력이 있음을 보여 주는 사례도 있다.

1902년에 『만물은 서로 돕는다』를 쓴 표트르 크로포트킨(Peter
Kropotkin)에서부터 로자바의 민주 연방제에 영향을 준 머레이 북친
(Murray Bookchin)에 이르기까지, 민주적 지역시민주의의 이론적 토
대에 관한 풍부한 저술이 존재한다. 최근 들어 세계 각지에서 근린
공동체와 지역 공동체에 뿌리를 둔 '공동체주의 운동'이 활발히 전개
되고 있는데, 이러한 운동은 공동체 자산 구축과 지역적 의사 결정이
한낱 탁상공론이 아니라 삶과 노동 방식의 대안을 개발할 수 있는 증
명된 실천 전략임을 보여 준다.

몬드라곤 모델

스페인 바스크 지역의 작은 산업 도시인 몬드라곤에서 지역 민주주의와 협동조합과 공동 소유권(common ownership)을 하나로 묶은 프로그램이 오랜 기간 이어지며 주목할 만한 성공을 거두고 있다. 몬드라곤의 프로젝트가 형태를 갖추기 시작한 지는 50년이 넘는다. 호세 마리아 아리스멘디아리에타(José María Arizmendiarrieta) 신부가 실업 상태에 놓인 청년들에게 도움을 줄 목적으로 기술을 가르치는 직업 학교를 연 것이 그 시작이다. 이 학교는 훗날 몬드라곤대학교(University of Mondragón)가 되었다. 이 학교의 첫 졸업생들은 작은 작업장에서 등유 난로와 난방기를 생산해 판매했고, 노동자 소유의 회사 파고르 생활가전(Fagor Electrodomésticos)으로 발전해 지난 수십 년 동안 엄청난 성공을 거뒀다. 현재 몬드라곤 협동조합(MCC, Mondragón Cooperative Corporation, 이하 몬드라곤)은 확장을 거듭해 공업 제품을 비롯해 금융과 슈퍼마켓 분야까지 아우르고 있다.

몬드라곤은 현재 스페인에서 여섯 번째 규모의 대기업으로 총매출액은 60억 유로(약 8조 4000억 원)에 이르며 전 세계적으로 250개의 개별 협동조합을 두고 10만 명을 고용하고 있다. 최저 임금 노동자와 최고 임금 노동자 간의 급여 비율은 1 대 9로, 런던 증권 거래소 상장 100대 기업 평균인 1 대 129와 대비된다. 또한 몬드라곤은 자체 은행을 소유하고 있으며, 개인과 조합에 구명줄을 제공하는 사회 보장 제도를 운영하는 한편, 회사를 확장하고 변화하는 시장에 적응하는 걸 목적으로 하는 15개소의 기술 혁신 센터를 두고 있다.[8]

유념해야 할 중요한 사실은 몬드라곤에 상당한 비판이 가해지고 있다는 점이다. 비판자들은 몬드라곤이 국제 시장에서 전통적으로 자본주의적이라 할 만한 활동을 벌이고 있다고 본다.[9] 하지만 지역 수준에서 볼 때, 몬드라곤은 공동체주의적 사업이 어떻게 사회적 가치를 창출할 수 있는지를 보여 준다. 몬드라곤의 사업 모델은 2010년대에 스페인 전역을 휩쓴 긴축과 실업 문제에서 이 도시를 지켜 냈다. 몬드라곤이 녹색산업인증 등을 포함해 환경적 지속 가능성을 경제적 지속 가능성과 동등한 책무로 여긴다는 점은 중요하다. 바스크 지역은 유럽연합을 통틀어 재활용과 재사용 분야에서 가장 앞서가는 지역이다. 이 책 전체에서 두루 살펴보겠지만, 이는 경제적 문제와 환경적 문제 사이에 불가피한 갈등이란 건 존재하지 않는다는 사실을 보여 준다.

클리블랜드 모델

'협력하는 민주주의(The Democracy Collaborative)'는 쇠퇴 일로에 있는 지역을 정치적·경제적으로 어떻게 재건할지를 연구하는 싱크탱크로, 미국 등지에서 진행 중인 공동체 자산 구축 운동의 최전선에서 활동하고 있다. 지난 2005년 '공동체 자산 구축'이라는 용어를 만들어 낸 것도 바로 이 조직이다.[10] 이 싱크탱크의 공동 설립자 중 한 사람인 테드 하워드(Ted Howard)는 마저리 켈리(Marjorie Kelly)와 함께 최근『모두를 위한 경제』라는 책을 출간했는데, 이 책에서 이른바 '민주적 경제(Democratic Economy)'를 구성하는 일곱 가지 큰 줄기를 제시하고 있다. 그들이 내세운 일곱 가지는 공동체(community), 포용(inclusion), 장소(place, 부는 지역에 머물러야 한다), 좋은 노동(good work, 자본보다 노동을 우선하라), 민주적 소유권(democritised ownership), 윤리적 금융(ethical finance), 지속 가능성(sustainability)이다. 『모두를 위한 경제』에서는 이런 원칙들이 미국 곳곳에서 어떻게 실행되고 있는지를 살핀다.[11]

협력하는 민주주의의 가장 주목할 만한 성과 몇 가지는 미국 오하이오주 클리블랜드에서 이루어졌다. 클리블랜드는 미국 대도시 가운데 가장 빈곤한 곳 중 하나로, 지난 수십 년 동안 제조업이 쇠퇴하고 투자 철수 및 자본 이탈로 일자리와 주민이 크게 줄고 있었다. 미국이나 유럽, 영국 전역의 수많은 주요 도시의 상황도 이와 별반 다르지 않다. 하지만 클리블랜드에는 클리블랜드 클리닉(Cleveland Clinic)과 케이스 웨스턴리저브대학교(Case Western Reserve University)와 이 대학의 부속 병원을 비롯해 덩치가 큰 비영리 기관과 준공공 기관이 여럿 있었다. 이들 기관은 한 해에만 대략 30억 달러(약 4조 200억 원)를 지출하고 있었지만, 이 가운데 지역 경제에 머무는 돈은 미미한 실정이었다.

지난 2008년 협력하는 민주주의는 이러한 '앵커 기관'들과 협력하여 이들 기관이 지출하는 금액 일부를 지역으로 돌렸다. 앞서 이야기한 대형 기관들에 필요한 물품을 분명한 목적을 갖고 설립된 노동자 협동조합 네트워크인 에버그린 협동조합(Evergreen Cooperatives)에서 공급하도록 지원한 것이다. 이 전략으로 클리블랜드의 병원 네트워크에서만 5000개의 신규 일자리가 생겨났다. 2018년에는 에버그린 세탁 협동조합(Evergreen Cooperative Laundry)이 규모가 훨씬 큰 대기업 여럿이 포함된 경쟁 입찰 과정에서 일을 따냄으로써 민간 대행업체인 소덱소(Sodexo)로부터 클리블랜드 클리닉의 모든 의료 세탁물 관리를 넘겨받았다. 이 일로 협동조합의 직원이 세 배 늘었고 이들의 급여 역시 종전보다 15퍼센트 올랐다. 또한 협력하는 민주주의는 태양력 에너지 업체, 산업 세탁물 처리 업체, 채소와 허브를 수경 재배 하는 도심 농장 설립을 도왔다. 세 기업 모두 직원들이 기업을 소유하는 형태로, 이들 기업은 벌어들인 이윤 중 일부를 지주회사로 보내고, 이 지주회사는 클리블랜드에 더 많은 협동조합을 설립하는 일을 수행한다. 최근에는 기존의 사업체를 직원 소유로 전환하는 일을 담당하기 위한 기금을 설립했다. 이 방식은 독자적으로 생존 가능한 협동조합 기업을 새로 세우는 것보다 훨씬 쉽고 위험은 더 적다.

프레스턴 모델

2012년에 테드 하워드는 UN 세계협동조합의 해(International Year of Cooperatives) 행사 참석차 영국 맨체스터를 방문했다. 이때부터 그는 프레스턴 시의회의 일에 관여하면서 시의회가 이 도시에 맞는 새로운 경제적 모델을 개발하는 데 힘을 보탰다. 2부에서 살펴보겠지만, '프레스턴 모델'은 종전 클리블랜드 모델의 원칙을 투박하게 모방한 것이 아니라 프레스턴의 자체 여건에 맞춰 기민하게 조정한 것이다. 테드 하워드의 설명에 따르면 영감을 준 클리블랜드의 전략보다 실제로 훨씬 더 '다층적이고 포괄적'인 전략으로 발전했다.[12]

프레스턴은 영국을 비롯한 그 밖의 지역에서 공동체 자산 구축이라는 아이디어로 무엇을 할 수 있을지를 보여 주는, 흡사 토템과도 같은 상징적 사례로 떠오르고 있다. 프레스턴은 영국에서 도시의 경제 전략에 지역 공동체 자산 구축의 원칙을 심어 넣은 최초의 지역 가운데 한 곳으로, 이런 경제 전략은 기업 투자에 의존하기보다 공공 기관과 지역 자원의 집단적 힘을 활용하는 데 입각해 있다.

프레스턴이 거둔 성공은 공동체 자산 구축이라는 아이디어가 실제로 작동할 수 있고, 이 아이디어에 부와 권한을 의미 있는 방식으로 지역 공동체로 되돌려 줄 역량이 있음을 보여 준다. 그 영향은 2018년 5월에 치러진 지방의회 선거에서 나타났다. 이 선거에서 노동당 프레스턴 지부는 프레스턴 모델을 확장해 지역 협동조합 은행을 설립하고 새로운 노동자 협동조합 설립을 지원하며 랭커셔 연기금(Lancashire Pension Fund)에 참여해 지역 경제에 더 많이 투자하겠다는 공약을 내세웠다. 프레스턴의 유권자들은 이에 긍정적으로 호응했고, 노동당은 오랫동안 보수당이 차지해 온 두 개의 의석을 가져왔다. 프레스턴 모델은 매튜 브라운이 프레스턴 시의회 의장으로 취임한 후 더 많은 성공을 거두었다.

공동체 자산 구축은 포괄적 아이디어로, 다양한 지역과 장소에 맞춰 변경 가능한 전략을 추동할 수 있는 일단의 원칙들을 하나로 묶어준다. 이를 통해 우리는 화려한 하향식 계획이나 실패한 전문적 회생 모델이 아닌 다양한 지역 공동체의 요구와 자원에 꼭 들어맞는, 마치 모자이크 같은 다양한 계획의 광범위한 네트워크를 마주할 수 있다. 이것이야말로 오래 지속 가능한 변화가 일어날 수 있는 방법이다.

아래로부터의 변화가 세상을 바꾼다

최근 공동체 자산 구축이라는 기치 아래 제시되고 있는 여러 새로운 아이디어와 계획은, 서로 다른 지역과 환경에서 발생하는 다양한 문제에 대응할 해결책을 모색할 능력이 공동체에 있음을 분명하게 보여 준다. 일반적으로 지방 정부가 부동산 투자 계획이나 외주를 위해 다국적 기업에 지출하면서 지역 경제의 부가 외부로 유출되거나 추출되고 있다는 공통된 우려가 있다. 일부 지역에서는 '진보적 조달(progressive procurement)' 방식으로 전환하여 지역 내에서 돈이 돌고 도는 승수 효과를 만들어 냄으로써 이러한 우려에 대처할 수 있다. 지역 사업체와 협동조합을 만드는 데 자원을 사용할 수도 있고, 지역 사회가 직접 토지와 자산을 취득하는 방법을 택할 수도 있다. 이처럼 각 지역 공동체의 특별한 여건과 자원과 우선순위가 무엇인지에 따라 다양한 방법을 시도할 수 있다.

또 다른 공통된 우려인 기후 위기 역시 지역 중심의 조치가 필요하다는 사실을 드러낸다. 그린 뉴딜을 주창하는 환경주의자와 활동가, 그리고 알렉산드리아 오카시오 코르테즈(Alexandria Ocasio-Cortez) 같은 정치인의 수가 점점 더 늘고 있다. 그린 뉴딜은 녹색 기술에 대한 정부 지원과 탈탄소화 및 재생 에너지로의 전환에 중점을 두어 기후 비상 사태를 해결하고 자본주의를 나은 방향으로 바꾸는 걸 목표로 한다. 하지만 여전히 대체로 추상적인 원칙에 불과한 이 전략을 실제로 실행하는 일은 정부가 이런 정책을 적질히 시행하거나 아니면 열린 태도로 아래로부터의 압력을 받아들일지에 달려 있다. 웨일스 정부가 기후 위기에 관한 대중의 시위에 호응하여 2019년에 세계 최초로 '기후 비상 사태'를 선언한 일을 예로 들 수 있다. 다만, 국제적 합의나 조정이 없는 상태에서 그 선언을 바탕으로 한 정책을 집행할 능력은 여전히 제한된 상태에 머물러 있다.

상부의 허락이나 지침을 기다리지 않는 지역시민주의는 이런 긴급한 사안에 대처하는 핵심 요소가 될 수 있다. 이미 2500곳 이상의 도시가 자체적으로 온실가스 배출량을 줄이겠다는 계획을 수립하고 있으며, 이는 이들 도시가 속한 각국 정부의 계획보다 앞서 있다. 영국과 미국 몇몇 지역에서 이미 수립한 지역 사회 주도의 재생 에너지 계획 및 저탄소 계획 확대나 지역 사회 토지 자산 개발과 같은 지역 차원의 계획은, 일반 주민들이 기후 위기에 대응하려는 정부의 각종 시도를 수동적으로 지켜보는 태도에서 벗어나 어떤 변화가 필요한지를 확인하고 그런 변화를 만들어 내는 일에 직접 관여하도록 하고 있다. 이 책의 3부에서는 지역시민주의와 주민 참여의 추가적인 가능성을 알아보기 위해서 웨일스의 밸리 지역 등지의 재생 에너지와 토지 책임 관리(stewardship) 프로젝트를 살펴볼 것이다.

이런 관점에서 볼 때 공동체 자산 구축은 그저 기존 시스템의 사소한 부분만 어설프게 손보는 데 그치는 것이 아니다. 그것은 이 시대의 가장 시급하고 대단히 중요한 위협과 도전에 대처하는, 마찬가지로 대단히 중요한 사회적·정치적·경제적 전략이다.

왜 공동체 자산 구축인가

공동체 자산 구축의 원칙이 맨체스터나 버밍엄을 비롯해 영국 전역의 정책 수준에서 진척을 보이면서 대안적 경제가 주목받고 있다. 노스 오브타인의 제이미 드리스콜(Jamie Driscoll)처럼 여러 지방자치단체장이 급진적 강령을 버젓이 내걸고 당선되었고, 몇몇 지방의회는 협동조합 경제 모델을 주의 깊게 살피거나 적어도 생활임금(Living Wage)을 지급하는 고용주가 될 필요성을 인정하고 있다. 이런 일 가운데 상당수는 프레스턴 모델 개발에 중추적인 역할을 담당한 '싱크두탱크(think-do tank)'*인 지역경제전략센터(CLES, Centre for Local Economic Strategies)가 추진해 왔다. CLES는 공동체 자산 구축 전략의 토대가될 다섯 '기둥', 즉 다섯 가지 핵심 원칙을 개발한 바 있다.

---

* '싱크탱크'가 사회 정책이나 정치 전략, 경제, 군사, 기술, 문화 등과 같은 주제를 연구하거나 견해를 표명하는 연구기관이라면, '두탱크'는 실행에 중점을 둔 연구기관을 말한다.

공동체 자산 구축 전략의 5원칙

▸ 경제 주체의 공동 소유

▸ 지역 사회에 복무하는 지역 금융의 구축

▸ 공정한 고용과 정의로운 노동 시장

▸ 상품과 서비스의 진보적 조달

▸ 토지와 여타 부동산의 사회적으로 생산적인 이용

2020년에는 스코틀랜드 정부가 CLES와 협력하여 범국가적인 공동체 자산 구축 계획을 개발하겠다는 의향을 표명했고, 웨일스에서는 의회가 프레스턴에 경의를 표하고 웨일스 정부가 따라야 할 모델이라 상찬하며 '기초 경제(foundational economy)'에 토대를 둔 정책을 도입 중이다. 비록 몇 가지 중요한 면에서 공동체 자산 구축과는 다르지만 몇몇 유사한 원칙이 추진되고 있다. 2020년 뉴욕시 정부가 발표한 공동체 자산 구축에 관한 정책 문서에도 프레스턴의 전략이 언급되었다.[13]

공동체 자산 구축의 원칙과 전략은 민주적 참여사회주의를 중심으로 하는 정치 프로젝트 안에서 자연스럽게 발현한다. 노동당 예비내각의 재무장관이었던 존 맥도넬(John McDonnell) 하원의원은 프레스턴의 혁신적 조치뿐만 아니라 공동체 자산 구축이 지닌 광범위한 잠재력에도 강력한 지지의 뜻을 표했다. 맥도넬은 노동당에 공동체 자산 구축 전담부를 설치해 프레스턴 모델을 널리 알리고 이를 다른 지역으로까지 확장하도록 힘을 더했다. 나아가 노동당이 2017년 발간한 「소유권의 대안적 모델들(Alternative Models of Ownership)」이라는 제목의 보고서에서는 프레스턴 모델을 특별히 포함시켰다. 이 보고서에는 '노동자–소유권 계획(worker-ownership schemes)'을 통해 생산 수단을 개혁하고 경제 민주주의를 더욱 확장하자는 제안도 담겨 있다.[14] 그뿐만 아니라 공동체 자산 구축의 아이디어는 정파를 가리지 않는다. 프레스턴에도 일부 보수당 시의원이 있었지만 이들 역시 지역 사업체를 지원하는 아이디어에 동조했고 이 덕분에 정당과 앵커 기관, 노동조합과 지역 공동체 조직이 차이를 내세우기보다는 협력하여 공동의 목표와 접근법을 마련할 수 있었다.

공동체 자산 구축은 지역과 장소를 기반으로 하는 까닭에 중앙 정부나 심지어 야당 지도부의 협조가 필요하지 않고, 지방의회 의원을 비롯한 지역 중심의 운동과 단체, 개인들을 통해서 진행될 수 있다. 2019년 총선에서, 보수당이 이른바 '붉은 벽'* 지역에서 종전까지 노동당을 찍어 왔던 유권자들의 표심을 얻는 데 성공했다. 반면, 코빈 퇴진 이후의 노동당은 북부 지역 유권자 및 방치되다시피 한 도시들과의 연계를 회복하면서도 그린 뉴딜 같은 우선순위를 놓치지 않아야 하는 상황을 맞닥뜨렸다. 이런 상황에서 지역 공동체의 자체적인

---

* 각종 제조업이 밀집한 영국 잉글랜드 북동부와 중부인 미들랜드 지역을 일컫는 말로, 전통적으로 노동당이 강세를 보여 왔다.

조치를 통해 경제와 사회 분야의 개선을 꾀하는 동시에 탈탄소화, 재생 에너지, 지속 가능성 등 그린 뉴딜의 의제에 꼭 들어맞는 지역 중심의 계획을 수립하는 일은 영국 중앙 정부에서 하향식으로 전달되는 지시를 기다리지 않고 풀뿌리 수준에서 우선 순위를 설정하는 한 가지 방법이 될 수 있다.

신뢰 잃은 모델과 불만을 넘어서

프레스턴이 미국과 유럽에서 실행된 경제와 민주주의 실험을 자체 여건에 맞춰 바꾸어 적용한 것처럼, 영국 각지의 도시와 마을, 자치구에서 이러한 움직임이 일어나고 있다. 우리가 3부에서 검토할 일부 지역은 자체적인 민주적 지역시민주의(democratic localism)를 이미 수립했거나 개발 중이다. 지방 정부의 관여가 많은지 적은지, 혹은 어떤 프로젝트를 우선시하는지 정도의 차이가 있을 뿐이다. 이러한 새로운 해결책의 설계자들과 논의를 해 보면 일관된 맥락이 있다. 바로 이들이 지방자치단체에 접근하는 종래의 방식은 물론, 탈공업 이후 지역 회생이나 부의 창출을 위한 종전의 모델이 실패했다는 사실을 인식하고 있다는 점이다.

제조업 쇠퇴 이후 대부분 폐기되어 껍데기만 남아 있는 공업 단지가 영국 여기저기에 흩어져 있고, 이는 1990년대식 회생 모델의 결점을 보여 주는 증거 가운데 하나다. 접근성이라는 구조적 문제에 별다른 주의를 기울이지 않은 채 세워져서 이제는 버려지고 만 이런 공업 단지는 그곳에 자리 잡은 사업체들이 무책임할뿐만 아니라 지역에 대한 애착도 없었다는 점을 드러냈고, 지방자치단체들은 이런 장소가 일단 버려지면 그 후속 용도를 찾기가 대단히 어렵다는 사실을 깨닫게 되었다. 1990년대 이래 지방의회는 고용과 조달과 회생 문제에 민간 부문이 참여하고 그들이 주도하는 방식을 취했다. 2010년 5월 총선을 통해 구성된 보수당과 자유민주당 연립정부 집권기인 2010년부터 2015년까지, 외주화된 공공 서비스에 지방자치단체가 지출한 금액은 1200억 파운드(약 193조 8600억 원)에 달한다.

지방의회가 제공할 서비스를 민간 계약자나 고용 알선 기관에 외주로 맡기면, 이들 조직은 지방의회가 고용주이자 서비스 제공자로서 역할을 할 때보다 서비스의 질이나 고용한 노동자의 급여와 노동조건에 직접 책임질 일이 줄어든다. 특히 주거 문제를 중심으로 한 지방의회의 사회 개선 의제가 부동산 개발회사의 손에 맡겨지는 일이 너무 빈발하다 보니 현재 그 지역의 필요를 충족시키기보다는 해당 지역을 고급 주택지로 바꾸는 데 치중하게 되었다. 이렇게 시행된 건설 프로젝트는 지역의 서비스나 고용 창출에 거의 도움이 되지 않는 경우가 많다. 새 주택에 터무니없이 비싼 가격을 매기거나 기존 거주자가 감당하기 버거운 임대료를 물림으로써 지역 주민들이 입주하지 못하는 일처럼 프로젝트가 완료된 이후에도 지역 공동체의 필요를 충족시키지 못하는 사례도 흔하다.

　이런 통상적인 접근법에 문제가 있으며 대중이 이런 방식에 광범위하게 반발한다는 사실이 북런던 지역의 해링게이자치구에서 극명하게 드러났다. 노동당이 다수를 차지한 이 지역의 구의회 의원 대다수는 자치구 소유의 주택 재생 사업에 논란의 소지가 다분한 다국적 부동산 개발업체인 렌드리스(Lendlease)와의 계약을 추진했다. 해링게이 개발 투자회사(HDV, Haringey Development Vehicle)는 영국 역사상 최대 규모의 지방자치단체 자원을 민간 회사로 이전하고, 최소 20년 동안 공공 자산에서 이익을 얻게 될 회사의 지분 50퍼센트를 렌드리스에게 부여하고자 했다. 그러자 해링게이 주민 집단, 좌파 성향 단체, 환경주의자와 노동조합이 느슨한 연합을 형성해 반대에 나섰다. 지역 주민들은 공동체 토지 신탁, 지역 주도의 재개발 신탁, 도시주택공사를 비롯해 지역 회생을 위한 대안 전략과 모델을 줄기차게 제안했다. 구의회가 거래를 밀어붙이려고 지역 공동체의 우려를 일축하고 지역 공동체가 제안한 주택 재생 사업 아이디어까지 무시하자, 풀뿌리 노동당원들은 2017년 구의회 선거에 앞서 이 거래를 반대하는 인사를 지지하고 HDV와 가까운 구의원을 후보자 공천에서 탈락시키는 방식으로 대응했다. 지방 선거 이후 노동당 당선자 그룹은 HDV의 제안에 반대하고 사실상 폐기하는 방향으로 선회했다.[15]

　해링게이자치구에서 벌어진 일련의 사태는 주택 고급화로 지가가 상승하여 원래의 거주민이 쫓겨나는 사태(젠트리피케이션)를 비롯해 지역 자산을 외부에 위탁하거나 매각할 때 공적인 협의가 부족한 문제나 지방의회 의원과 부동산 개발업체가 너무 밀접한 관계를 맺다 보니 지방의회가 계약을 체결할 때 부패와 연줄에 좌우되는 것 아니냐는 의심 등 여러 지역에서 감지되는 우려를 전면에 드러냈다. 심지어 그 나름의 기준으로 보더라도 캐피타(Capita)나 카릴리언(Carillion) 같은 민간 기업에 외주를 주었던 역사는 부적절하고 무능한 실패의 역사였다.[16] 이런 전통적 접근법의 결함 탓에 대중은 지방의회를 신임하지 않으며, 새로운 회생 모델을 마련하려는 시도는 제한되어 왔다. 프레스턴 모델은 2008년 금융 위기 이후 기업 주도의 직접 투자에 의존하는 경제 발전의 정설이 완벽히 실패한 상황 속에 지역 경제가 당면한 여러 과제에 대응하며 등장했다. 그러므로 공동체 자산 구축의 원칙을 채택하는 것은 지방의회 내에서 문화적 변화가 필요하다는 주장에 보내는 답변이라 할 수 있다.

'지역'을 다시 위대하게

물론 지금의 지방의회 대다수가 처한 상황은 이들에게 불리한 여러 역사적·정치적 요인이 켜켜이 쌓여 빚어낸 결과다. 영국의 경우 중앙 정부가 지방자치단체에 내보이는 적대감과, 지방자치단체에게서 권한과 자원을 모두 박탈하려는 중앙 정부의 시도는 적어도 1980년

대부터 시작된 것이다. 당시 대처 행정부는 사회 경제 정책을 두고 광역 런던시 의회(GLC, Greater London Council)와 대립했으며, 예산 삭감에 대한 부담을 지역 주민들에게 떠넘기기를 거부한 런던의 램버스자치구와 리버풀 등지의 지방의회들과 큰 갈등을 빚었다. 또한 지난 10년간 지방의회의 세입 보조금을 삭감했고, 그 결과 수많은 시민 편의 시설이 폐쇄되고 사회 복지 서비스가 추가로 제한되는 사태로 이어졌다. 이는 긴축을 시행하는 중앙 정부의 책임을 지방 정부에 떠넘기는, 중앙 정부의 입장만 내세운 일이었음이 분명하다. 심지어 신노동당(New Labour) 정권이 도입한 권한 위임 정부(devolved authority)조차 상당한 제한이 있었다. 예를 들어 웨일스 의회는 애당초 증세권이 없어서 웨일스의 고질적인 사회·경제 문제를 해결하는 데 심각한 제약이 따랐다. 조지 오스본(George Osborne) 전 재무부 장관의 '노던 파워하우스(Northern Powerhouse, 영국 북부 지역을 기업하기 좋은 환경으로 만들겠다는 계획)'처럼 런던에서 주도적으로 추진되었던 비교적 최근의 여러 계획은, 지역적 통제의 필요성을 느끼고 요구하는 이들이 보기엔 그저 입에 발린 소리에 지나지 않았다.

여기에 현재 사회의 주류 세력이 지방 정치에 큰 관심을 기울이지 않고 있다는 사실을 더할 수 있다. 자원이 충분하고 지역에 기반을 두며 재정 지원을 받는 언론이 지속적으로 쇠퇴하는 것은 이 사태의 핵심 중 하나다. 전국 정당이 지역 정당과 지역 선거 운동에 자원과 자금은 물론 관심조차 기울이지 않는 상황 또한 마찬가지이다. 이렇

프레스턴, 더 나은 경제를 상상하다

게 지방을 주변화하고, 지방자치단체 스스로도 종전 접근법으로 실패를 겪다 보면 지역 사회에 남는 것이라고는 '의미 있는 변화 따위는 불가능하다'는 숙명론적 사고방식뿐이다. 새로운 변화의 모델을 실제로 확인하고 스스로 변화를 일으킬 기회를 가져오는 것이야말로 이런 상황을 극복하는 강력한 방법이다.

노스오브타인의 제이미 드리스콜이나 노스에어서의 조 컬리네인(Joe Cullinane) 같은 새롭고 혁신적인 정강을 내건 지도자를 선출하면 새로운 지역 맞춤형 아이디어를 도입할 수 있다. 네이션닷컴리(Nation. Cymru)나 보이스닷웨일스(Voice.Wales) 등의 웹사이트처럼 지역 이슈에 초점을 맞춘 '시민 미디어(citizen media)'가 발전하고 있다는 사실은 뉴미디어에 지역의 관심을 불러일으키는 잠재력이 있음을 보여 준다. 패배감에 젖은 사람들을 넘어 배경으로 보나 경험으로 보나 관심도 있고 능력도 갖춘 개인들이 지역에 유입되면, 지방자치단체 지도부는 이들의 기대에 부응해야 할 것이다. 하지만 현실적으로 지방의회의 구성원들조차 자신이 일하는 방식이 접근하기 어렵고 대중과 유리되어 있으며 이해하기 힘들다고 여기기 쉽다는 점, 그리고 지방의회 의원들이 자기 지역 사회의 특성이나 우선순위를 반영하지 못하는 경우가 종종 있다는 점을 확인할 수 있다. 이 책의 부록에는 지방의회의 목적과 기능을 이해하기 쉽게 설명하고, 지역 공동체에 관여하는 여러 방법을 쉽게 설명해 주는 내용을 담았다.

문제는 하나지만, 대안은 무궁무진하다

100곳의 지역, 100개의 해답

프레스턴 모델을 두고 여러 비판이 있다. 주로 이 모델이 프레스턴에서나 실행 가능하며 프레스턴은 그 특별한 전략을 적용하기에 '딱 알맞은' 도시일 뿐이라는 비판이다. 프레스턴 모델에 관여한 그 누구도 이 지적에 반박하지 않을 것이다. 프레스턴 모델 설계자들은 공동체 자산 구축 전략을 이 도시의 여건에 가장 잘 들어맞도록 수정했고, 다른 곳에서는 그 지역의 필요와 자원에 들어맞는 형태로 공동체 자산 구축의 원칙을 변형하거나 일부만 선택해 활용할 수 있다.

여러 지역에서 그 지역을 기반으로 한 대형 고용주로서 지역 조달 지출을 수행할 앵커 기관을 찾아볼 수 있다. 긴축의 압력에 더하여 엎친 데 덮친 격으로 코로나-19 위기까지 찾아온 상황에 이들 기관을 상대하려면, 프레스턴이 했던 것처럼 선출직 관료들이 '공동체의 부는 공동체 안에 머물러야 하며 지역의 혁신을 지원해야 한다'라고 대담하고 확신에 찬 자세로 주장할 수 있어야 한다. 다른 여러 경우처럼 브렉시트 이후 조달에 관련된 유럽연합의 규정이 사라진 게 서비스 계약의 지역 내 공급을 훨씬 더 쉽게 만들지는 여전히 두고 볼 문제이다.

지역 공동체는 다른 경로를 선택할 수도 있다. 조달 문제가 아닌 자산 창출, 공동체 소유권과 지역 자원 관리에 활용할 수단을 구축하는 데 집중하는 것이다. 대표자들은 주민들이 이 과정에 직접 관여하도록 할 수 있다. 소유권이나 사용권을 공동체로 이전할 수 있는 지역 내 토지나 빈 건물을 주민들이 찾아내도록 하는 일을 예로 들 수 있다.

공동체 자산 구축의 근본 원칙은 모든 상황에 다 들어맞는 방법은 없다는 것이다. 현재 제시되고 있는 다양한 제안을 보면, 지역 전략을 적용하기 위해서는 유연성, 협의, 융통성과 일정 정도의 자율성이 필요하다는 것을 알 수 있다. 지방자치단체는 이런 과정을 조정하고 촉진할 수 있으며 직접 해결할 수 있다.

생각은 세계적으로 행동은 지역적으로

지역시민주의에 대해서는 광범위한 비판이 존재한다. 어떤 이는 이 전략이 전 지구적 차원에서 신자유주의가 불러일으킨 문제에 대처하기에는 충분치 않다고 주장하고, 또 다른 어떤 이는 급진적 변화를 일으킬 정도로 규모가 큰 플랫폼은 오직 국가만이 제공할 수 있다고 주장하기도 한다. 많은 사람이 선거를 통해 현재 상황을 해결할 대안을 마련할 필요가 있다는 점에 동의할 것이다. 하지만 영국과 미국 두 나라에서 최근 벌어진 정치적 사건들은, '정권 획득'에만 집중하는 것에는 한계가 있다는 사실을 여실히 보여 준다.

지역시민주의의 분명한 장점 중 하나는 이 전략이 이미 결과를 만들어 내고 있다는 점이다. 반면, 선거라는 경로를 통해 세계적 혹은 국가적인 차원에서 현재 상태의 대안을 개발하려는 시도는 아직 이렇다 할 성공을 거두지 못하고 있다. 2019년 영국 노동당은 선거에 즈음하여 권력을 잡을 목적으로 막판에 지지자들을 대규모로 동원하는 방식이나, 이로 인해 정치적·물질적 이해관계가 위협받는 사람들이 공격하거나 왜곡할 것임이 뻔한 어떤 국가적 차원의 정책 강령을 내세우는 전략에 얼마나 많은 결점이 있는지를 드러내 보였다. 좌파 진영에 속한 대다수는 노동당의 선거 패배를 맞닥뜨리며 더 장기적인 전략의 필요성을 확인했다. 즉 사회, 문화, 여가 서비스의 공급을 포함한 지역 사회 지원과 연대에 집중함으로써, 지역 수준의 참여와 신뢰를 재구축해야 한다는 것이다. 사실 역사적으로 보면 이것이야말로 노동당과 노동조합 모두가 선거에서 해 왔던 일이다. 19세기와 20세기 전반에 걸쳐 보통의 주민들이 상호 지지와 집단적 서비스 공급에 기반을 둔 문화적·시민적 생태계를 발전시켜 왔다.[17]

사회·문화적 상부구조를 지탱해 온 산업 경제의 토대가 무너졌다는 사실은 그런 상부구조가 오늘날 그대로 복제될 수 없음을 뜻한다. 하지만 이는 여전히 교훈적인 청사진을 제공할 수 있다. 지방자치단체와 마찬가지로 노동당과 노동조합을 비롯한 대형 좌파 단체도 기반 시설과 자원 구축을 지원함으로써 경제 민주주의로의 이행을 촉진할 수 있다. 특히 노동조합은 노동조합 연기금이 윤리적 투자를 하는지 살피고, 조달 예산의 방향을 바꾸고, 생활임금을 설정하는 등의 활동을 할 수 있으며, 서비스 제공을 지역 내부에서 해결하려는 지방자치단체의 다양한 시도에서 근본적인 역할을 담당할 수 있다. 프레스턴의 경우 공공 부문 노동조합인 유니즌(Unison)이 이 모든 일에 한 축으로 참여했다.

귀넌과 오닐은 이렇게 이야기한다.

지방 정부가 지역 내 다른 앵커 기관과 협력하면서 경제적인 측면에서 더욱 적극적인 자세를 취하면 '적정 임금(decent wage)'뿐만 아니라 안정적인 고용 조건, 노동자가 발언권과 존중감을 누리는 좋은 일자리를 창출할 수 있다. 이를 통해 경제적 불평등은 물론 사회적 불공평을 줄이는, 쌍둥이처럼 긴밀히 연결된 두 개의 평등을 달성할 수 있다. 이런 전략에 협동조합과 같은 새로운 민주적 경제 형태를 만들고 촉진하려는 노력이 결부되면, 지역 경제의 소유권과 통제력을 확장해 나아가면서 민간 부문의 성격 역시 바꿔 놓을 수 있다.[18]

지방자치단체 산하의 여러 기관이 법률적으로나 금융적으로 국가에 의존하고 있고 자본 이탈에 취약하다는 점은 분명하다. 하지만 지방 정부가 어느 정도 자율성을 가지고 운영하는 지역 중심 계획을 통해 외부 보조금과 중앙으로부터 내려오는 예산, 또는 민간 부문 고용주에게서 나오는 돈에 기대지 않고 지역 자체적인 부를 창출할 수 있다. 도시 중심의 지방자치(municipalism)를 넘어서는 일은 주요 도시나 마을에 국한하지 않고 농촌 지역과 교외 지역을 비롯해 소외된 지역 공동체를 포용할 기회를 제공한다.

지역과 국가 사이의, 그리고 국제적인 규모의 상호작용과 연계는 상호 배타적이거나 상충하지 않으며 진보 프로젝트의 미래에 필수적이다. 지역 프로젝트가 이에 앞장설 수 있으며 잠재적으로는 널리 확산되어 지역이나 국가 전체에서 연대를 형성할 수 있다. 이는 수많은 작은 대안들로 이루어진 국가적 수준 또는 세계적인 수준의 대안으로 이어질 수 있다. 옛 구호를 빌려 말하자면, "문제는 하나지만, 대안은 무궁무진하다(one no, many yeses)."

포용적 지역주의

공동체 자산 구축 운동의 핵심 단어인 '지역'이라는 개념은 몇몇 우파가 인종차별과 외국인 혐오에 끌어들이려는 '지역주의'의 그것과는 다르다. 바르셀로나에서 벌어진 선구적인 지방자치 운동은 그 참여자를 '시민'으로 정의했다. 여기서 시민은 바르셀로나에 살면서 바르셀로나와 운명과 이해관계를 같이하는 사람으로, 국적이 어디인지 합법적인 시민권자인지를 따지지 않는다. 몬드라곤의 경우 바스크 지방에서 멀리 떨어진 지역 출신자들이 이 소도시의 협동조합에 참여하고 있으며, 이는 몬드라곤이 특정한 지역 문화에 기대지 않고 있음을 보여 준다.

개리스 리먼(Gareth Leaman)은 고조되는 웨일스 독립운동에 관해 다음과 같이 이야기한다. "국가적 규모의 어떤 운동이 다른 나라에서 억압받고 위험에 처한 이들 앞에서 무심결에 눈감는, 허울뿐인 진보적 민족주의를 만들어 내기란 얼마나 쉬운가."[19] 기후 위기로 글로벌 사우스(Global South)*가 긴 세월 동안 겪어 온 불안정하고 불확실한 상황을 이제는 글로벌 사우스 바깥에서도 느끼게 되면서 지역주의 담론은 더욱 중요해지고 있다. 우리는 포용적 지역주의를 유럽과 미국의 여러 도시 정부의 조치에서 찾아볼 수 있다. '이민자 보호 도시(sanctuary city)'나 '연대 도시(solidarity city)'라는 표지 아래에서 시행되는 일련의 조치는 국경 통제뿐만 아니라 이민자를 범죄자 취급하는 유럽연합과 각국 정부의 정책 그리고 이러한 정책을 더욱 강화하

---

* 　주로 아프리카, 라틴 아메리카, 아시아 등 지역의 저개발 국가들로 지리적인 의미의 남반구와 일치하지 않는다.

려는 우파 세력이 가하는 압력, 이 모두에 반대한다.

역사적으로 노동자 운동 세력, 넓게 보아 좌파는 각국 중앙 정부가 취할 조치를 선취함으로써 지역 문제뿐만 아니라 국제적 문제에도 대응해 왔다. 노동자 및 좌파는 스페인 내전에서 막 움트던 파시즘에 맞서 싸웠고, 일자리를 국외로 옮기는 것을 두고 자본주의가 다른 나라 노동자들을 더욱 가혹하게 착취할 것임을 드러내 보이기도 했다. 현시대의 지역주의는 국제주의적인 자세를 견지함으로써 전 지구적 도전에 직면한 여러 지역 공동체들이 함께하는 연대를 구축해 나아가야 한다.

"통제권을 되찾자"

점차 명확해지는 민주적 지역시민주의를 향한 갈망과 요구를 토대로 구축된 여러 프로그램은 피상적인 것을 넘어 실질적으로 '통제권을 되찾는' 방법이 될 수 있다. "통제권을 되찾자(taking back control)"라는 영국 브렉시트 찬성 운동의 핵심 구호를 실현하기 위해서는 외국인 혐오와 인종차별, 권위주의와 중앙집권주의 같은 반동적 조치가 필요하다는 생각에 반기를 드는 것이기도 하다.

2016년 6월, 유럽연합 회원국 지위를 걸고 진행된 영국의 국민투표에서 유럽연합 탈퇴파가 근소한 차이로 승리를 거뒀다. 전체 투표자의 52퍼센트가 탈퇴에 표를 던졌다. 그러자 곧바로 이 승리가 외국인 혐오와 그릇된 민족주의의 거센 시류 탓이었다고들 이야기했다. 이런 감정은 무지하고 배움이 짧은 탈산업시대 노동 계급 잔당들의 전유물로 설명되었다. 세계화에 '뒤처진' 노동 계급이 자기 잇속만 차리는 마키아벨리적 탈퇴 운동에 호도되어 갈 곳 잃은 자신들의 분노를 유럽연합과 이민자와 난민에 대한 혐오로 쏟아 내었다는 것이다. 조 콕스(Jo Cox) 하원의원의 비극적인 피살로 절정에 달한 이런 감정들이 국민투표 전후에 정치 담론과 대중 담론에 존재했다는 사실을 부인하기는 어려우며 이를 가볍게 여기거나 묵살해서는 안 된다. 한편 탈퇴에 찬성표를 던진 행위가 경제적으로 방치되고 정치적으로 외면당한 인구 집단이 제기한 경제적 항의이자 기득권에 맞서는 항의로 일정 부분 작동했다는 사실 역시 간과해서는 안 된다.

보리스 존슨(Boris Johnson)이나 나이절 패라지(Nigel Farage) 같은 탈퇴 찬성 측 정치인들이 뿌리 깊은 기득권 계층임에도, 제조업이 쇠퇴한 가난한 지역이 유럽연합의 기반시설 기금과 농업 보조금으로 어느 정도 혜택을 입고 있는데도 불구하고, 그런 지역에서 다수의 탈퇴 찬성표가 나왔다. 이는 수십 년 동안 자신들의 이해관계를 체계적으로 무시하거나 그에 반하는 행동을 해 왔던 정치적 지배계급을 곤경에 빠뜨리고 그들의 계획을 뒤집어 놓기 위한 것으로, '일상적인' 정치 정체성에서 벗어난 특별한 행동이었다. 무엇보다도 유럽연합 탈퇴를 국민투표에 붙인 데이비드 캐머런 당시 총리의 유별나게 오만한 정치적 도박에 어울리는 것이었다. 심지어 수많은 탈퇴 찬성자가 정말 자기 쪽이 이기리라 기대했는지조차 확신할 수 없다. 이들이 그 결과를 온 마음으로 환영하지 않았음은 더 말할 필요도 없다. 이들은 이기는 '위험'을 감수하지 않은 채 자기네 주장을 밝히기 위해 투표했을 뿐이었다. 그들에게 중요했던 것은 자신들이 품고 있던 불만과 욕망에 세간의 이목을 집중시킬 기회였고, 이를 위해 쓸 수 있는 수단 가운데 시기적으로 가장 가까운 수단을 사용한 것이었다.

우리를 봐 달라는 이런 외침이 표출되자 우파와 좌파 모두 자기네 기득권에 유리한 대로 그 외침을 해석했다. 수십 년 동안 그 정치적 존재가 부인되다가 갑작스럽게 재발견된 영국의 노동 계급은, 기껏해야 세상 물정 모르는 순진한 존재로, 최악의 경우에는 적의에 불타는 인종차별주의자로 간주되었다. 하지만 맨체스터와 글래스고, 리버풀처럼 노동 계급이 중심인 도시에서 잔류 투표가 많았다거나, 탈퇴에 찬성한 비율이 가장 높은 지역의 이민자 수가 유럽연합에서 가장 낮은 수준이었다는 등 국민투표 결과에는 미묘한 측면이 있다. 이는 노동 계급이 동질성을 띤 하나의 '단일 집단'이 아니라는 점, 그리고 탈퇴 찬성이 이민자 유입에 대한 실리적인 반응으로만 보기에는 어렵다는 점을 보여 주었다. 그렇지만 이런 미묘한 점들은 브렉시트 이면에 놓인 의미를 해독하려는 시도에서 좀처럼 중요하게 다뤄지지 않았다. 오히려 영국의 노동 계급은 멸시하는 듯한 관점에서 개념화되었고, 이런 관점 탓에 노동 계급이 품은 동기의 복잡성과 다인종으로 이루어진 현시대 영국의 노동 계급이 '백인' 정체성을 얼마나 고수하고 있는지 혹은 그렇지 않은지 이해하기 어려워졌다. 실제로 경제적 불안과 불안정성 측면에서 인종 정체성과 계급 정체성이 연결된 경우가 흔하다. 또한 이런 관점은 중산층과 부유층에 속하는 유권자들 가운데 외국인을 혐오하고 반동적인 정치를 지지하는 사람들이 상당하다는 사실을 무시한다. 이들이 브렉시트와 영국독립당(UKIP) 을 얼마나 지지하는지는 같은 성향의 노동 계급 사람들을 분석한 것 과 같은 수준으로 분석되거나 고민거리가 된 적이 결코 없다. 마지 막으로 이런 관점은 탈퇴 찬성 지역인 선덜랜드 같은 노동 계급 중 심의 지역 사회가 극우 정치에 저항한 과거의 전통과 현재의 실천을 싹 지워 버린다.[20]

브렉시트가 버려진 노동 계급의 '채찍질'로 해석되는 것을 보고 있 노라면 어느 정도 좌절감이 느껴지기도 한다. 특히나 이번 위기가 찾 아오기 전 수십 년 동안 정치나 대중문화에서 노동 계급이 대표되는 경우는 거의 없었고 심지어 인정되는 일조차 없었다는 사실은 더더 욱 아쉬운 대목이다. 대처주의(Thatcherism)*의 정치적 맹공(복지 국가 의 퇴조, 민영화, 노동조합 운동의 와해) 이후 전통적 지지 기반을 내팽개 치고 중산 계급 유권자의 환심을 사려는 신노동당 전략이 뒤를 이었 다. 노동당은 공식적으로 사회주의를 포기했고, 정부 내에는 알맹이 없이 점점 공허해지기만 한 중도 좌파적 수사의 외피를 뒤집어쓴 대 처주의적 정책이 온존했다. 이렇게 노동당의 계급 의식이 퇴조하면

---

* 영국 보수당 출신 마거릿 대처 총리의 재임기(1979년~1990년)에 실시했던 사회 경제 정책을 통칭하는 말로, 당시 영국 정부는 규제를 최소화하고 자유 경쟁을 중시하는 신자유주의적 철학을 근거로 '작은 정부'를 추구하면서 국영 기업을 민영화하거나 재 정 지출 삭감, 세제 개혁, 규제 완화, 금융 및 증권 개혁, 노동조합 약화 등의 정책을 추 진했다.

서 영국 의회 내 좌파 세력에 공백이 생겼고, 이는 신자유주의에 대한 대안을 찾는 유권자들이나 극우 세력 모두에게 실행 가능한 선택지가 거의 남아 있지 않다는 사실을 의미하는 것이기도 했다.

이런 긴장이 2016년 국민투표를 즈음해서 한계점에 도달했다는 사실은 별로 새삼스럽지 않다. 물론 국민투표가 그 긴장을 단칼에 해소하는 데 별 도움이 되지는 않았다. 하지만 당시 대중의 정치적 권리가 부정하기 어려울 정도로 박탈되었음을 보여 주었다. 브렉시트는 이런 민주주의 결핍에 기껏해야 입에 발린 소리를 제공한 것에 그쳤지만, 지역 사회에 의사 결정을 위임하고 상호 부조와 협동조합을 장려하는 프레스턴의 여러 조치는 지역 공동체가 '진정으로 통제권을 되찾을 수 있는 방법'을 보여 준다. 매튜 브라운의 말은 이를 잘 드러낸다.

모든 도시가 자체 은행을 설치해서 노동자 소유 사업체와 신용조합을 지원하면 어떻게 될지 상상해 보자. 그런 일을 상상해 보자. 바로 그것이 우리가 통제권을 되찾는 방법이 될 것이다.[21]

그 어떤 지방 정부도 결점이 있고 실패하기도 한다. 이런 결점과 실패에 불만을 느끼는 건 온당하다. 하지만 권한 이양을 폐기하고 더 강력한 중앙 집권이 필요하다는 극우 세력의 요구는 역사적으로 런던을 중심으로 한 사우스이스트 잉글랜드 바깥 지역을 무시해 온 중앙 정부로 권력을 되돌려 놓자는 소리에 지나지 않는다. 이는 독립에 대한 욕망과 권위주의에 대한 욕망 사이 어딘가에 자리하면서 다양한 방식으로 전개된 유럽연합 탈퇴 운동에 긴장이 존재하고 있음을 보여 준다. 웨일스와 스코틀랜드에서는 더 많은 권한 이양과 독립성을 요구하는 풀뿌리 운동이 일어나고 있으며, 아일랜드에서는 통일을, 잉글랜드 여러 지역에서는 권한의 이양을 요구하고 있다. 이런 운동과 요구는 모두 현 보수당 정부의 강경한 연합주의(unionism)*와 민족주의, 그리고 역사적으로 실용적인 견지에서 웨일스와 스코틀랜드의 독립보다 연합의 유지를 우선시하는 노동당의 노선과 극명하게 반대된다.

'급진적 지역시민주의(radical regionalism)'는 단순히 권한 이양을 넘어 구조적으로나 개념적으로 영국을 다시 상상해 봄으로써 사우스이스트 잉글랜드와 나머지 지역 사이에 존재하는 권력 불균형을 바로잡자는 이념으로, 점점 더 큰 힘을 얻고 있다.[22] 지역적 의사 결정과 자원의 공동 소유 및 관리를 핵심으로 삼는 여러 운동이나 계획은 지역 통제의 원칙을 유지할 수 있을 뿐만 아니라 그 원칙을 실제로 가시화할 수도 있다. 이를 위해서는 공동체 주민과 노동자, 이해관계자에게 해당 지역 이슈에 관해 협의할 권리뿐만 아니라 통제할 권리도 주어져야 한다. 아울러 이들을 이미 확보된 특정 정당의 고정표 혹은 정치 담론에서 무시되고 잊힌 존재가 아닌 활동가이자 기여자로 여겨야 한다.

---

* 그레이트브리튼과 북아일랜드 '연합 왕국'이라는 체제를 유지하자는 이념을 뜻한다.

동의의 중요성

공동체 자산 구축에 대한 이론적 반대는 쉽게 해결할 수 있지만, 이 전략을 실제로 실행하자면 민주적 참여와 '동의(buy-in)'의 측면에서 제한이 있다는 사실을 유념하는 것이 중요하다. 개인이 지방의회나 싱크탱크 이상에 관여하기란 어려워 보이는 게 사실이다. 이는 여러 요소가 결부되어 빚어낸 결과다. 일단 일과 생활에 치이다 보면 바쁘고 지쳐서 정치 공약이나 활동에 신경 쓸 여유가 거의 없고, 통제권을 아래로 넘기기를 꺼리는 지방자치단체가 의도적으로 문제를 모호하게 만들기도 한다. 이전에 지역 개선 사업에서 하향식 의사 결정 과정과 우선순위 설정에 실패한 경험으로 숙명론이나 회의론이 팽배하기도 한다. 사실 이 책에서 다루지 못한 수많은 프로젝트가 있는데, 프로젝트에 관여한 이들이 외부자에게 설명할 시간이 없거나 그럴 의향과 능력이 없기 때문이다. 공동체 자산 구축 프로젝트에 아직 참여해 보지 않은 많은 이들의 상황은 한 세기 이전에 레닌이 묘사한 것과 흡사하다.

자본주의적 착취라는 조건 때문에 궁핍과 빈곤에 짓눌려 있는 현대의 임금 노예들은 '민주주의에 신경 쓸 여지도 없고 정치에 신경 쓸 여지도 없다'. 따라서 모든 일이 일상적으로 무탈하게 이루어지면 주민 대다수는 공적 생활과 정치 생활에서 배제된다.[23]

공동체 자산 구축 프로젝트는 어떻게 '동의'를 얻어 내어 동의는 이 프로젝트가 지역 사회에 뿌리내리도록 하고, 지역 사회의 요구와 욕망을 정확히 반영하여 프로젝트에 대한 대중의 믿음을 이끌어 낼 수 있을까? 대중이 지방 정부나 공적 의사 결정에 참여하기 위한 소통 창구를 만들거나 토론회를 열자면 엄청난 도전이 따르기 마련이지만, 불가능한 일은 아니다. 공동체 자산 구축을 가장 성공적으로 적용한 몇몇 사례를 보면 지방 정부가 재정 운용 방향을 변경하고 사회적 경제 기업 설립에 필요한 교육 훈련의 기회를 제공하는 것은 물론, 이들 기업이 나아갈 방향을 놓고 주민들과 적극적으로 협의하는 방식을 통해 풀뿌리 프로젝트를 지원했음을 알 수 있다. 코로나-19에 대응하면서 발전한 상호 부조 네트워크는 지역적 차원의 계획이 영국 의회나 정부의 도움을 기다리지 않고도 위기에 대응할 잠재력을 지니고 있음을 보여 주었다. 그렇지만 이 같은 지역적 차원의 계획은 초기 단계부터 자금과 자원이 제공되어야 한다.

어떻게 하면 광범위한 민주적 참여를 실현할 수 있을까? 우리는 연구를 통해 참여에 필요한 능력이나 자발적인 의지 및 역량이 사회적 파편화나 소통과 접촉의 어려움뿐만 아니라 일과 가족, 돌봄이 주는 압력에 따라 상당히 다르게 나타난다는 점을 확인했다. 따라서 공동체 자산 구축 프로젝트는 접근성과 포용성에 주목하면서 전통적인 조직 방식이나 협의 방식을 넘어 참여를 촉진하는 새로운 방법과 계획을 시도하는 방식으로 실행되어야 한다. 3부에서 살펴볼 런던과 스코틀랜드 일부 지역에 이미 도입되어 시행되고 있는 '주민 참여 예산 제도(participatory budget-setting)'를 예로 들 수 있다.

한 가지 중요하게 고려할 사항이 있다면, 더 공정하고 참여적인 사회라고 해서 대중의 정치 참여가 지금보다 훨씬 많이 일어나는 건 아니며 정치에 참여하는 게 매력적인 일로 여겨지지 않을 수도 있다는 점이다. 심지어 어떤 지역 공동체에서는 그곳에 속한 대규모의 소수자 집단이 변화를 위한 전략에 무관심할 수도 있다. 하지만 지역마다 참여 수준이 다르다는 점이 바로 지역시민주의의 본질 가운데 하나이며, 그러한 특징이 참여가 지닌 수많은 장점을 모두 망치는 것은 아니다. 귀넌과 오닐은 이렇게 지적한다.

보다 민주적인 경제 체제에서는 참여자가 될 시민에게 실행하기 힘든 요구를 할 수도 있다. 여기에는 두 가지 답변을 내놓을 수 있다. (…) 첫째는 무엇이 요구되든 그 요구를 과대평가하지 않아도

된다는 것이다. 경제 문제를 다루는 의사 결정에 언제나 모든 사람이 연달아 참여하는 것은 아니며 몇몇 사람이 참여하는 데 그칠 수도 있다. 스페인의 몬드라곤처럼 큰 성공을 거둔 민주적 사업체에서도 모든 '노동자-소유자(worker-owner)'가 모든 토론회에 연이어 참석하는 것을 기대하지도 않고, 요구하지도 않는다. 다만 '임계 수준'이라 할 만한 충분한 참여 정도가 있을 것이다. 둘째, 동료 시민의 역량을 과소평가하지 말아야 한다. 사람들이 자기 삶에 중요한 문제에 영향을 끼칠 수 있는 권력을 가지고 있을 때, 무기력한 환경에 놓였을 때보다 훨씬 더 높은 수준의 참여를 하리라 기대하는 것이 전적으로 타당할 것이다. [24]

마지막 주장은 이 책에 담긴 우리의 연구가 뒷받침한다. 우리는 추상적 원칙이 현실에 구현되는 것을 직접 살펴보는 일이 중요하다는 점을 거듭 확인했다. 노스에어서 의회 의장인 조 컬리네인은 매튜 브라운에게 프레스턴 모델에 관한 이야기를 듣던 중 '전구가 반짝하는 순간'을 겪었다고 한다. 프레스턴 모델의 일화가 추상적인 아이디어를 자신이 속한 지역 여건에 맞춰 적용할 수 있는 구체적인 사례로 뒤바꾼 것이었다. 3부에서 다룰 웨일스의 밸리 지역의 사례를 살펴보면, 지역 주민들이 자신들의 프로젝트를 현실화할 수 있겠다는 확신을 품은 것은 전통적 방식의 협의 과정을 통해서가 아니라 스코틀랜드에서 운영 중인 지역 공동체 농장을 방문하고 나서였다. 이처럼 평등한 개인과 집단 사이에서 아이디어가 퍼져 나가는 유기적 과정을 통해 현존하는 사례가 다른 사례에 영감을 줄 수 있으며, 이런 과정은 하향식으로 진행되는 말만 무성한 회의가 아닌 수평적 의사소통과 평등한 네트워크를 통해 이루어진다.

이를 위해서는 공동체 자산 구축이 지역 사회에 의해 행해지는 것이 아니며, 지역 사회를 위해, 또는 지역 사회를 대신하여 이루어지는 무엇이라는 생각에서 벗어나야 한다. 그보다는 지역 사회 스스로 해나가는 것이라고 생각해야 한다. 이 책은 공동체 자산 구축이 이미 거둔 성공 사례와 앞으로 성공을 거둘 잠재력이 큰 사례뿐만 아니라 풀뿌리에 토대를 둔 유사한 계획을 기획하고 평가하고 집행하는 데 필요한 교훈을 망라하고 있다. 그 결과 우리는 다양한 사례와 계획, 조치로 이루어진 다원적 모자이크를 마주할 수 있다. 이 모든 사례는 균일하지 않은 접근법을 취하고 있지만, 어쩌면 그렇기 때문에 기존의 경제·사회적 관계를 포괄적으로 바꿔 놓는 결과를 낳을 수 있다.

지금 이 순간, 공동체 자산 구축은 누구도 해답을 알지 못하는 변화의 순간을 찍은 한 장의 스냅 사진과 같다. 이 책에서 언급된 것을 포함해 세계 각지의 공동체에서 일어나고 있는 사회 개선을 위한 다양한 시도와 아이디어는 끊임없이 변화하고 있다. 진화하고 생동하는 이 과정에 힘을 보태려면 일반 주민의 아이디어와 행동이 변화를 가져오리라는 믿음뿐만 아니라 적극적 관여와 참여, 그리고 변화 자체에 대한 믿음이 있어야 한다. 정치적 침체와 방치가 만들어 낸 뿌리 깊고 널리 퍼진 불만을 떠올려 보면 이 모든 일이 쉽지만은 않아 보인다.

민주적 지역시민주의를 위한 현재의 시도들은 깔끔하게 정돈된 것이 아니다. 어떻게 그럴 수 있겠는가? 지금 이 시대는 혼돈과 위기와 몰락의 시대이고, 대안을 구축하려는 시도 역시 그에 따라 혼돈에 빠져 있다. 다만 이 책에 등장하는 시도와 조치 들은 우리가 직접 시도해 보는 것의 가능성과 중요성을 보여 준다. 무엇보다 현재 책임 있는 자리에 앉아 있는 사람들보다 우리가 그 일을 더 못할 가능성은 없어 보인다.

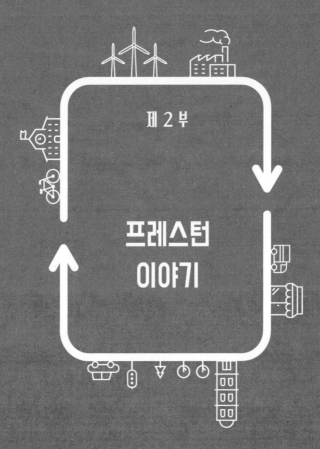

제 2 부

프레스턴
이야기

프레스턴에서 일어난 놀라운 변화

프레스턴 모델은 '게릴라식 지역시민주의(guerrilla localism)'이자 '극단적 상식(extreme common sense)'이라고 설명되어 왔다. 이 모델은 지출과 투자를 외부 공급자에서 지역 생산자와 사업체로 전환하는 방법을 통해 제조업 쇠퇴와 긴축 정책, 정부의 재정 지원 축소에 타격을 받아 영국 내 가장 궁핍하고 혜택받지 못하는 지역인 잉글랜드 북부 소도시 프레스턴의 경제 여건을 크게 개선했다. 세계 각지의 대안적 경제 발전 방식에서 영감을 얻었고, 유럽과 미국에서 시행된 여러 계획을 참고하고 계획을 설계한 이들과의 생산적인 대화를 통해 방향을 설정한 프레스턴 시의회는 지역 앵커 기관들과 전략적 제휴를 구축했다. 그렇게 이미 실패한 바 있고 낭비가 심했던 민관협력 모델과 민간 금융 주도 방식에서 탈피해 공동체 자산 구축, 집단 소유권과 민주적 참여를 지원하는 쪽으로 경제 발전의 방향을 재설정했다. 그 결과 프레스턴은 2020년 최근 15년 내 가장 높은 고용률과 함께 가장 낮은 비경제활동인구를 달성했고, 2018년에는 영국에서 주거와 노동 여건이 가장 크게 개선된 도시로 선정되었다.[1]

프레스턴에는 어떤 문제가 있었을까

지난 40년 동안 제조업이 쇠퇴하면서 영국에서는 지방에 대한 재정 지원이 축소되고 긴축이 시행되었다. 이런 시책으로 특히 영국 북부 지역이 큰 타격을 받았고, 부와 기회와 영향력은 점점 더 런던과 몇몇 본토 주(Home Counties)*에서 일하고 거주하는 사람들이나 누릴 법한 것이 되어 버렸다. 잉글랜드 북동부 지역의 소도시인 프레스턴 역시 이런 암울한 상황에서 예외가 아니었다. 프레스턴 같은 옛 산업 지역은 보수당 정권 아래서든 노동당 정권 아래서든 쇠퇴를 거듭해 왔다. 1990년대와 2000년대에 신노동당은 지역 불평등 완화를 위해 단기적 내부 투자 프로젝트를 통한 제조업 쇠퇴 지역 '회생'에 주력했지만, 이 얄팍한 시도와 접근법으로는 경제의 소유권에 관한 어떤 구조적 변화도 끌어내지 못했다. 전략적 사고가 결핍된 어떤 성과도 회복으로 이어지지는 않았다는 뜻이다. 2010년

---

*   런던 인근의 몇몇 주를 가리키는 말로 통상 버킹엄셔(Buckinghamshire)와 서리(Surrey)를 비롯해 버크셔(Berkshire), 에식스(Essex), 하트퍼드셔(Hertfordshire), 켄트(Kent) 등을 일컫는다.

에 새로 들어선 보수당·자유민주당 연립정부는 시장 원리를 왜곡하고 있다는 이유로 이전 정부에서 설치한 지역개발청(Regional Development Agency)을 해체하기도 했다. 이렇듯 프레스턴 같은 도시의 산업에 대처주의가 끼친 영향은 토니 블레어(Tony Blair)와 고든 브라운(Gordon Brown) 등 노동당 정권 아래서도 거의 약해지지 않았다. 이는 2001년부터 2011년 사이의 기간에 프레스턴에서 노동당 득표율이 극적으로 하락한 사실에서 고스란히 엿볼 수 있다.

매튜 브라운은 2002년에 프레스턴 시의원으로 처음 당선되었고, 2011년에는 프레스턴의 '공동체 참여 및 포용부'를 맡게 되었다. 매튜 브라운은 이 도시에 단단히 뿌리내린 가난과, 이런 가난이 빚어낸 불평등이 어느 정도인지를 잘 알고 있었다. 불과 몇 년 전만 하더라도 프레스턴에서 가장 번창한 구역에 사는 주민의 기대수명이 82세였던 반면, 궁핍한 구역 주민의 기대수명은 고작해야 60대 중반에 불과했다.

구조적 빈곤에 더해 가차 없는 지방 정부 재원 삭감으로 2000만 파운드(약 319억 원) 조금 안 되었던 프레스턴 시의회의 중앙 정부 보조금은 0파운드가 돼 버렸다. 이로 인해 재원이 크게 줄어 시의회는 자체 지출을 삭감해야 했으며 시의회가 제공하는 각종 서비스의 외주와 민영화가 진행되었다. 그리고 이는 지역에 대한 시의회의 영향력이 감소하는 결과를 낳았다. 그러는 동안 정부는 사회 복지 서비스를 종전 수준으로 유지하지 못한 책임을 시의회에 전가하면서 예산 삭감에 대한 책임에서 벗어나려고 애썼다. 2008년 금융 위기 이후 긴축 정책이 시행되자 일반 주민들은 더 이상 지방 정부나 중앙 정부에 주민들의 이익을 위해 행동할 능력이 있다고 믿지 않게 되었고, 주민들 사이에서는 무력감과 절망감이 피어올랐다.

제조업의 쇠퇴와 이에 따른 일자리 감소로 완전히 황폐해진 이런 상황에서 지역을 되살려야 할 지방자치단체는 다국적 기업과 대형 유통 체인만 바라보는 경우가 많았다. 기업의 자애로운 투자에 기댄 사업 모델을 구상한 것이다. 흔히 이런 '투자'로 세워진 것은 콜센터나 유통 창고 같은 일자리로, 열악하고 안전하지 않은 노동 조건에 빈곤선을 간신히 넘는 임금을 제공할 뿐이었다. 이는 지역에 근본적인 해결책을 가져다주지 못했고 지속 가능하지도 않았다. 부동산 개발업체가 계획을 주도하는 사례도 있었다. 이들 업체는 자신들이 진행하는 프로젝트가 지역에 가져올 사회적·경제적 혜택보다 업체의 이익을 우선했고, 자신들이 제공할 수 있는 것을 놓고 과도한 약속을 남발했다. 따라서 이런 모델은 대중의 신뢰를 얻지 못했다.

1990년대 이래 여러 지방자치단체가 민간이 참여하는 방식으로 지역 회생 사업을 추진했다. 민간 개발업체들은 주택 개발 사업을 진행할 능력이 있었고 이런 개발 사업을 통해 이들이 이윤을 얻는 건 충분히 받아들일 만한 일이었다. 하지만 이런 사업에 저렴한 주택이 거의 포함되지 않거나 아예 없는 경우가 많았다. 몇몇 지역에서는 투기 세력과 개발업체가 지방의회 고참 의원들과 끈끈한 개인적 연줄을 맺어 왔고 심지어 정당 기부자인 경우도 있었다. 이런 민간 주도의 접근법은 지역 사회에 부패가 만연하다는 인상을 주거나 실제로 부패로 이어질 위험이 있고, 시의회 의원들의 공적인 이미지를 해칠 뿐만 아니라, 시의회가 지역 주택 공급을 비롯한 지역의 여러 위기에 대해 관례와 다른 창의적인 해법을 내놓는 것을 가로막았다.

프레스턴은 세계 최대의 개발회사 두 곳이 7억 파운드(약 1조 1165억 원)를 들여 쇼핑센터를 지을 계획이었던 타이드반(Tithebarn) 프로젝트에서 실패를 경험했다. 이 사례는 개발업체가 주도하는 지역 회생 프로젝트에서 전형적으로 나타나는 문제점이 무엇인지를 보여 주었다. 타이드반 프로젝트는 10년이 넘는 기간 동안 대대적으로 홍보되었고 지역 활성화를 위한 모든 희망이 이 계획에 달려 있었다. 하지만 2008년 금융 위기가 터지자 투자자들이 겁을 집어먹고 철수했고, 결국 시의회는 2011년 프로젝트를 중단했다. 프레스턴에서는 1990년 이래로 꾸준히 지역 회생 계획에 관한 이야기가 나왔지만 시행된 건 별로 없었다. 실현되지 못하거나 당초 계획에 한참 못 미치거나 아니면 완전히 실패한 회생 프로젝트를 좋게 떠들어 봐야 결국에는 대중의 신뢰를 잃는 결과만 낳을 뿐이다. 사람들은 더 이상 지역의 개선이라는 말을 믿지 않게 되었다.

전통적인 회생 모델이 실패에 직면한 2011년, 노동당 소속의 고(故) 피터 랜킨(Peter Rankin) 당시 프레스턴 시의회 의장은 새 술을 새 부대에 담듯 새로운 일을 시도해 봐야 한다는 사실을 깨달았다. 외부 투자 유치에 의존하는 개발업체 주도의 사업 모델이 작동하지 않는다면, 지역 내 자원에 집중하지 않을 이유가 어디 있을까? 이런 사고 방식이 프레스턴 모델의 토대가 되었다. 프레스턴은 외부의 도움을 기다리지 않고 내부의 아이디어와 자원을 이용해 스스로를 구하겠다고 결심했다.

'공동체 자산 구축'이라는 아이디어

타이드반 프로젝트가 완전히 실패한 뒤 당시 공동체 참여 및 포용부의 각료였던 매튜 브라운은 프레스턴에 적용할 대안적 성장 모델을 개발하기 시작했다. 그는 동료 의원들, 그중에서도 특히 '자원 및 성과부' 각료였던 마틴 롤린슨(Martyn Rawlinson)의 지지를 받았다. 이 두 사람과 다른 의원들은 자신들이 지역적 차원을 넘어 국가적이고 국제적인 차원의 체계적인 경제 문제와 맞닥뜨리고 있음을 깨달았다. 가장 시급한 문제는 긴축에 대응하는 것이었는데, 투자에 의존하지 않으면서 지역 민주주의에 중점을 두는 방식이어야 했다.

프레스턴 모델은 허공에서 뚝 떨어진 것이 아니라 '공동체 자산 구축'이라는 아이디어에 기반을 둔다. '공동체 자산 구축'이라는 용어는 2005년 즈음에 미국에서 등장했는데, 도심 지역의 고질적인 가난과 실업과 긴축 위기가 고조되면서 이런 위기에 공동체가 함께 대응한다는 맥락에서 나온 것이었다. 주택이나 고용 같은 서비스가 공적으로 제공되지 않는 상황에서 이들 공동체는 대안이 될 만한 아이디어를 개발하기 시작했다. 그들은 노동자 소유 사업체나 공동체 토지 신탁, 공동체 은행 등 지역에 기반을 두고 사회적 의식이 있는 소규모 사업체를 발전시킴으로써 스스로 자산을 만들어 가는 데 초점을 맞췄다.

이와 비슷한 문제를 겪고 있는 영국의 여러 지역에 이런 원칙을 적용할 가능성은 충분하다. 프레스턴의 매튜 브라운과 마틴 롤린슨은 협동조합 방식으로 운영되는 미국 오하이오주 클리블랜드의 지역 공동체와 세계 최대 규모의 협동조합 그룹인 스페인 바스크 지역의 몬드라곤에서 영감을 얻었다. 1부에서 살펴본 이들 프로젝트 역시 공동체 자산 구축의 원칙과 유사한 원칙을 바탕으로 운영된다.

지난 2012년, 몬드라곤 협동조합과 클리블랜드의 에버그린은 매튜 브라운과 진보적 사고방식을 지닌 시의회 관료 데릭 화이트(Derek Whyte)와 고든 벤슨(Gordon Benson)의 관심을 끌었고, 이들은 두 프로젝트에 '대중과 지역 공동체에 훨씬 더 깊게 뿌리내리는 경제 활동 형태와 생산 및 소유권의 형태'를 만들어 낼 가능성이 있음을 알아보았다. 그렇게 협력하는 민주주의의 공동 설립자인 테드 하워드 교수의 방문 및 그와의 지속적인 교류를 통해 유럽과 미국의 사례에서 영향을 받은 프레스턴의 프로그램이 시작되었다.

프레스턴 모델의 개발

여느 도시와 마찬가지로 프레스턴 역시 유일무이하기에 미국이나 유럽 다른 지역에서 성공한 경제 개발 모델을 그대로 도입하는 일은 현명한 처사가 아니다. 오히려 프레스턴은 다른 도시에서 시행된 전략을 지역 여건에 맞춰 수정했다. 미국과 영국의 제조업 쇠퇴 지역 간에 분명한 유사점이 있겠지만, 프레스턴의 방식은 클리블랜드가 택했던 장소 중심 접근법보다 더 다층적이고 포괄적인 것으로 변모했다. 클리블랜드 모델은 형기를 채우고 사회로 복귀한 출감자 등 도시에서 가장 가난하고 가장 불리한 처지의 주민으로 이루어진 대규모 근린 공동체와 집단에 주력했다. 지방자치단체 예산과 자선기금 등 이용 가능성과 접근 가능성이 제각각이긴 해도 클리블랜드에는 다양한 자금 원천이 있어서 이를 활용하는 방식을 취했다. 반면 프레스턴에서는 시의회가 지닌 네트워크와 구조, 특히 지역의 조달 과정을 지휘하고 운용할 능력을 통해 지역의 자체 자원을 동원할 수 있었다.

프레스턴 모델은 '진보적 조달' 계획을 넘어 지역 공동체 은행의 설립, 공적 연기금의 지역 투자, 노동자 소유 협동조합 장려 정책 등으로 확대되었고, 이를 통해 이 모델은 전 체계에 걸쳐 경제적 대안을 만드는 접근법을 채택할 수 있었다. 하지만 프레스턴 모델을 입안한 이들이 인정했듯 이 제도를 움직이는 주동력이 프레스턴 시의회이기 때문에 이 모델은 정치적 변화에 취약하다. 따라서 프레스턴 모델을 굳건히 다지고 강화하면서 지역 주민이 직접 상황을 주도하도록 하려면, 일반 주민들의 더 높은 수준의 동의가 필요하다.

프레스턴 시의회는 자체 전략을 개발하기 위해서 지역경제전략센터(CLES)와 영국 협동조합 연맹(Co-operatives UK)과 센트럴랭커셔 대학교(UCLan, University of Central Lancashire)를 비롯해 지역 및 전국 수준의 파트너 기관에 조언을 구했다. 2012년 프레스턴 시의회는 전 직원에게 생활임금을 지급하고 다른 지역 기관들에도 같은 조치를 권고하여 잉글랜드 북부 지역에서 첫 번째로 생활임금재단(Living Wage Foundation)의 공인을 받은 '생활임금 고용주'가 되는 중요한 첫걸음을 내디뎠다.

다음 단계는 프레스턴의 앵커 기관들, 즉 이 지역에서 안정적으로 자리 잡은 대규모 고용주를 계획에 참여시키는 것이었다. 영국 내 다른 여러 도시와 마찬가지로 프레스턴에서도 지난 수십 년에 걸쳐 민간 부문이 서서히 쇠퇴했고, 그 공백을 메우기 위해 공공 부문이 확대되었다. 대학교와 병원 등 공공 조직들은 수천 개의 일자리와 수억 파운드에 이르는 지출을 차지하는 탓에 도시 생활에 큰 영향을 끼친다. 하지만 2013년도의 계산에 따르면 이러한 부의 아주 일부만이, 즉 지출된 20파운드 가운데 고작 1파운드만 프레스턴에 남고 나머지 금액은 런던에 본사를 둔 건설 회사나 다국적 급식업체로 흘러 들어갔다.

대규모 다국적 기업의 투자를 받고자 안간힘을 쓰는 통상적인 접근법은 결국 돈이 지역에서 유출되는 사태로 귀결된다는 사실을 강조하면서 CLES와 프레스턴 시의회는 영향이 닿는 공공 조직 다섯 곳, 즉 랭커셔 주의회(Lancashire County Council), 프레스턴대학(Preston's College), 커뮤니티 게이트웨이(Community Gateway Association), 카디널뉴먼칼리지(Cardinal Newman College), 랭커셔 지역 경찰청(Lancashire Constabulary)과 협력하여 이들 기관 및 단체의 지출 계획을 조정함으로써 지역 경제 활성화에 참여할 기회를 제공했다(센트럴랭커셔대학교와 지역 NHS는 나중에 참여했다). 이전까지 이 기관들이 조달에 지출한 금액을 분석한 결과, 이들 기관이 상품과 서비스 조달에 지출한 금액은 7억 5000만 파운드(약 1조 1968억 원)에 이르며 이 가운데 프레스턴에 소재한 조직에 지출된 비율은 단 5퍼센트 정도였고, 범위를 랭커셔 지역(프레스턴 포함)으로 넓혀 봐도 39퍼센트에 불과했다. 이는 4억 5800만 파운드(약 7309억 원)가 랭커셔 경제에서 외부로 유출되고 있다는 말이었다. 따라서 상품과 서비스에 지출된 금액이 이 지역을 벗어나지 않도록 하는 것이 최우선 과제가 되었다.

사례로 살펴본 앵커 기관의 역할

2013년부터 CLES와 프레스턴 시의회는 앵커 기관 여섯 곳을 설득하기 시작했다. 기관에서 필요한 물품과 서비스를 조달할 때 영국의 다른 지역 또는 세계 다른 지역에 본사를 둔 기업이 아닌 프레스턴에 자리한 사업체를 이용해 달라는 것이었다. 이들 기관은 공급망을 재편해 지역 소재 업체들이 공급 경쟁에 참여할 수 있도록 했다. 또한 지역에서 상품과 서비스를 구매할 수 있는 곳을 확인한 기관들은 인쇄나 급식 같은 서비스 계약을 지역에 위치한 업체로 전환했다.

각 앵커 기관마다 지역 공동체에 제공할 수 있는 분야는 제각각 다르겠지만, 조달 정책의 변화는 이들 기관이 지역 사회에 참여하는 데 주춧돌이 되었다. CLES와 프레스턴 시의회가 구상한 방법에 참여한 기관 여섯 곳은 2013년 프레스턴에서 약 3800만 파운드(약 606억 원), 랭커셔 전 지역에서는 2억 9200만 파운드(약 4661억 원)를 지출했다. 2017년에 이 지출 액수는 각각 1억 1100만 파운드(약 1771억 원)와 4억 8600만 파운드(약 7758억 원)로 치솟았다. 프레스턴에 소재한 사업체가 따낸 신규 계약은 학교 급식, 연료, 법률 서비스에서 대규모 건설 공사에 이르기까지 모든 분야를 아우른다. 최근 몇 해간 프레스턴 지역의 건설 회사가 수주한 금액은 수천만 파운드에 달하며, 프레스턴의 상징인 버스 터미널 재개장 작업은 가족 기업인 콘론 건설(Conlon Construction)이, 이 도시의 마켓홀 철거와 재건축은 각각 브래들리 그룹(Bradley Group)과 콘론 건설이, 그리고 연기금 소유의 학생 기숙사인 프라이어게이트 코트(Friargate Court) 개발 사업은 에릭 라이트(Eric Wright)의 비영리 회사가 맡았다. 모두 프레스턴에 터전을 둔 기업이다. 학교 급식에 쓰일 160만 파운드(약 25억 원)의 예산은 지역 공급업체가 입찰에 참여하기에는 현실적으로 너무 큰 금액이라 몇몇 지역 농가에 나누어 할당되었다.

콘론 건설의 사장인 마이클 콘론(Michael Conlon)은 소규모 지역 업체가 조달 정책 변화로 얼마나 많은 혜택을 받을 수 있었는지 힘주어 이야기한다.

우리 업계의 지역 경쟁사들은 공급망을 다루는 기준이나 기풍 모두에서 비슷한 경향이 있다. 그런데, 말하기는 주저스럽지만 국가 산업 전반을 놓고 보면 꼭 그렇지는 않다. 한 가지 중요한 예를 들어 보자면 결제 조건이 있겠다. 초대형 회사들은 90일, 심지어 120일 이내 결제같이 터무니없는 조건을 내건다. 회사의 이윤이라는 건 음식과도 같아서 이윤이 낮더라도 한동안은 회사를 꾸려 갈 수 있다. 하지만 현금은 회사에 공급되는 산소나 마찬가지다. 직원들에게 급여를 지급하고 자재 대금을 결제하는 데 현금이 필요하니 말이다. 현금이 마르면 회사는 바로 망한다. (…) 프레스턴 모델은 그런 관행에 얽매일 가능성이 훨씬 낮은 지역 계약자를 통한 프로젝트 조달을 권한다. 이 모델은 지역 공급망에 훨씬 큰 안정성을 주고 있으며, 이는 기업이 더 많은 직원을 채용할 수 있도록 하거나 수습 직원의 훈련 등 미래에 투자해도 괜찮겠다는 확신을 심어 준다.[2]

콘론의 회사는 지난 10년 동안 매출액이 두 배로 늘었다. 그는 말을 이어 갔다.

우리 회사가 성장하자 오랜 기간 우리 공급망에 포함된 다른 회사들도 성장했다. 나는 이 회사들이 인력을 확충하고도 여전히 경제적으로 건실한 상태를 유지하는 것을 지켜봤다. 반면에 같은 기간 동안 안타깝게도 망해 버린 다른 여러 회사도 목격했다. 향후 작업량이 꾸준히 유지될 가능성이 크다는 사실은 안정성과 함께 회사의 신뢰성에 날개를 달아 준다.

다른 지방자치단체가 민영화하고 외주를 맡긴 사업 영역에서 프레스턴은 지역 내 사업체를 키워 성장시키려고 노력했다. 이 과정에서 지역 사회에 책임감을 가진 공급업자에 대해 낱낱이 알게 되었고, 조달 관련 서류 작업과 절차를 대대적으로 손봐 더 다양한 공급업자가 기회에 다가갈 수 있도록 했다. 이 아이디어는 지역 내 지출을 늘리는 것뿐만 아니라 돈이 랭커셔 경제에서 흘러나가거나 사회적 측면에서 비생산적으로 사용되는 곳이 어디인지를 확인해 이런 지출을 다시 붙잡아둠으로써 지역 노동자와 고용주와 사업체가 더 큰 혜택을 얻을 수 있도록 해 주었다.

커뮤니티 게이트웨이 협회(CGA)는 프레스턴 최대의 사회주택 공급자로서 지역 내 6000여 세대의 주택을 관리한다. 법률상 주택 협동조합으로 설립되었고, 프레스턴의 앵커 기관 중 한 곳이다. 이 사회주택 임대 사업자는 5년 넘게 건물 수선과 정비, 정원 유지와 보수 서비스를 자체적으로 제공했는데, 이를 통해 노동력과 자재가 어디에서 온 것인지를 더 강력하게 통제할 수 있게 되었다고 한다.

CGA의 재무 책임자인 필 맥케이브(Phil McCabe)는 프레스턴이 발전시켜 온 공동체 자산 구축 접근법이 CGA의 비영리 정신에 딱 들어맞는 옷이라고 말한다.

"공동체 자산 구축은 우리가 하려는 일과 맥을 같이합니다. 지역의 부를 만들어 내는 일은 분명히 우리 건물에 사는 세입자들에게 혜택을 주기 때문입니다. 만약 서비스 계약을 외주로 돌리면 지역민을 고용한다는 보장이 없고 지역 공급업자를 이용한다는 것도 확실치 않습니다. 우리는 이제 가능한 한 현지에서 서비스를 조달하겠지만 그러면서도 여전히 가격 대비 품질은 가장 좋을 겁니다."[3]

프레스턴 모델에 센트럴랭커셔대학교(UCLan)가 참여하고 있다는 사실은 사회 경제적 개선이라는 공동의 목표를 위해 폭넓게 협력한다는 이 전략의 약속을 보여 주는 좋은 예다. 시의회와 UCLan 간의 전략적 제휴는 2013년에 시작되었다. 매튜 브라운이 협동조합에 막 관심을 두기 시작한 때로, 당시 브라운은 UCLan의 사회 혁신 책임자 줄리언 맨리(Julian Manley) 박사가 주최한 공개 심포지엄에 참석했다. 이 심포지엄에는 몬드라곤의 노동자 소유 협동조합 연합 대표자의 발표가 포함되어 있었다. 그렇게 경제 민주주의에 공통된 관심이 있음을 확인한 UCLan은 공동체 자산 구축에 관하여 시의회와 협력하고 있다.

UCLan에는 학교를 민영화하는 시도와 함께 해외 분교 벤처 사업에 수십만 파운드를 쏟아부은 이력이 있었다. 프레스턴 시의회가 타이드반 개발이 무산되자 전략의 변화를 꾀한 것처럼 UCLan 역시 투자에 대한 접근법을 바꾸었다. 이 대학교는 현재 지역 공동체에서 어떻게 역할을 다할 수 있을지에 집중하고 있다. 교육 기관으로서 UCLan은 자체 자원을 활용할 역량을 갖추고 있다. UCLan에서는 국제적 지식과 전문 기술을 한곳에 모아 이를 지역 사회에 보탬이 되도록 쉽고 공개적으로 이용할 수 있게 만드는 활동을 하고 있다. 2013년의 몬드라곤 심포지엄과 뒤이어 열린 공동체 자산 구축과 이를 지역에 적용하는 방법을 주제로 한 여러 차례의 발표회 모두 이러한 활동의 일환으로 진행된 것이다.

UCLan은 프레스턴 모델의 일부로서 소속 노동자들에게 생활임금 지급을 고려하고 있으며, 조달 비용 가운데 프레스턴 지역 공급업자에게 지출하는 비중을 8퍼센트에서 21퍼센트로 늘려 왔다. 2016~2017년에 UCLan이 프레스턴 지역 사업체에 지출한 금액은 6300만 파운드(약 25억 원)에 이른다. UCLan은 환경과 지속 가능성에 대한 우려에 호응해 10만 파운드 이상의 계약을 대상으로 '지속 가능성 영향 평가'

를 도입했다. 이는 가장 낮은 금액을 써낸 업체를 채택하는 종전의 방식이 아닌 탄소 배출량 감소와 그 밖의 환경 관련 요인을 입찰 평가의 일부 기준으로 삼는 방식이다. 또한 대학 자체 비즈니스 허브인 프로펠러(Propeller)를 통해 노동자 소유 협동조합에 공간과 조언을 제공하고 그들을 지원하고 있다.

프레스턴 시의회는 UCLan에 협동조합 연구에 쓰일 학술 연구비를 지원했고, UCLan은 다시 신생 협동조합 창업을 위한 재정 지원 확보에 앞장섰다. 이 모두는 협동조합이 프레스턴이라는 도시 전체에 가져다줄 수 있는 공동의 경제적·사회적 혜택을 고려해서 이루어진다. 이런 협력적 제휴 의식은 프레스턴 모델만의 특장점이며, 클리블랜드에서 시행된 방식이나 지방자치 원칙이 적용된 여러 도시의 하향식 접근법과 다른 점이다. UCLan은 학문적 초연함을 뜻하는 '상아탑'이라는 상투어에서 벗어나 지역에 중대한 변화를 가져올 기회를 제공하는 한편, 다른 대학교들이 뒤따를 만한 모델이 되고 있다.

진보적 조달

진보적 조달이란 무엇인가

프레스턴에서 조달의 방향을 지역 사업체로 돌린 효과는 외부로 파급된다. 상품과 서비스 제공 계약을 따낸 사업체는 더 많은 사람을 고용할 수 있고, 쓸 돈이 더 많아진다. 이 모두가 상식처럼 들리지만 사실 이는 사회적·윤리적·환경적인 면을 고려하기보다 상품이나 서비스 구매에 든 비용을 중요한 요소로 삼는 전통적인 조달 관행에 어긋난다. 전통적인 조달 관행은 과도한 관료주의에 물들기 쉽고, 관료주의의 위험 회피 성향은 변화의 커다란 걸림돌이다. 진보적 조달은 이런 관행적 접근법의 문제점에 도전하여 이를 넘어서는 한편, 사회적 가치와 환경적 가치가 공급업자의 사업 관행에 확실히 뿌리내리도록 한다.

맨체스터 시의회에서도 CLES의 협조를 받아 진보적 조달과 비슷한 조달 과정을 구축한 바 있다. 이 역시 불경기와 긴축, 중앙 정부 재정 지원 삭감에 대처하기 위한 것이었다. 2007년 종전까지 의회 내 여러 부서에서 별개로 제각각 수행하던 조달 계약 업무를 공동조달부(Corporate Procurement Department)로 모두 이관했다. 전 부서의 조달 계약 체결을 한 곳에서 담당하게 된 것이다. 이 부서에서는 가격, 환경적 지속 가능성, 기업 윤리와 가치관, 자원봉사 참여 및 지역 사회 공헌, 일자리 창출과 기술 개발 등을 기준으로 조달 계약을 체결했다. 이를 통해 6500만 파운드(약 1035억 원) 이상을 효율적으로 절감할 수 있었다. 이처럼 지역 내 단체와 중소기업이 조달 계약 입찰 과정에 참여할 수 있도록 관료주의를 타파하고 복잡한 과정과 긴 소요 시간을 줄이는 등 다양한 변화가 필요하다.

지역 의회의 역할

→ 지역 공급업자가 입찰에 관한 소식을 듣고 응찰할 수 있도록 접근하기 쉽고 간소한 방식을 개발하라

지역 영세 조직이 계약에 참여할 때 어려움을 겪는 가장 큰 걸림돌 중 한 가지는 입찰 과정이 너무 복잡하다는 인식이다(때로 사실이기도 하다). 지방자치단체와 앵커 기관은 서류 작업을 간소화해서 이 문제를 극복할 수 있고, 나아가 영세 조직에 해당 계약에서 기대하는 바를 안내하고 조달 서류를 어떻게 작성하는지 설명하는 멘토링이나 지침을 제공할 수도 있다. 또한 온라인 포털을 통해 계약 관련 정보를 널리 알릴 수 있으며 업로드 기능을 이용해 입찰 서류를 쉽게 제출하도록 할 수 있다.

→ 계약서에 윤리적·사회적 책임 조항을 추가하라

지방 정부 관료와 조달을 발주하는 기관은 계약자가 서비스 전달을 넘어 공동체를 위한 경제적·사회적·환경적 가치를 추구해야 한다는 요건을 입찰 계약서에 추가할 수 있다. 건설 프로젝트의 경우 실업자를 채용한다거나 윤리적으로 조달된 식자재와 건설 자재를 사용한다는 조건을 포함할 수 있다.

→ 지역 투자를 늘려라

지역 사업체와 자산에 대한 투자는 프레스턴 모델의 핵심이다. 지역 경제 활성화를 위해 시의회가 보유 자산을 투자하기도 했다. 시와 주의 공적 연기금 일부를 지역에 투자해 프라이어게이트 코트를 건설한 사례와, 프레스턴·사우스리블·랭커셔 도시 협약(Preston, South Ribble and Lancashire City Deal)의 일환으로 시가 소유한 옛 파크 호텔을 개조한 사례를 들 수 있다.

또한 시의회는 대규모 주택 개발 사업을 시행하며 개발업체가 전체 주택 가운데 최소 30퍼센트 이상을 '적정 주택(affordable housing)'*

으로 공급하도록 했고, 이에 앞서 사회주택에 시의회 보유 토지를 이용할 수 있도록 했다. 최근 커뮤니티 게이트웨이는 시중의 기존 주택과 나란히 자리한 코탐 지역 신규 주택 개발 사업에서 적정 주택으로 사용할 건물 59채를 구입하기도 했다.

미국 앨라배마주에서는 연금 적립액 투자처를 지역으로 돌리는 데 성공했다. 이는 사회적으로 유용할 뿐만 아니라 더욱 안정적인 수익을 내는 것으로 알려졌다. 다른 지방자치단체들도 연기금의 투자 방향을 세계 시장에서 현지 기업 중심으로 돌려놓을 수 있다. 화석 연료 주식에 투자하던 것을 적정 주택이나 재생 에너지 발전 사업으로 전환하면 노동조합과 기후 정의 운동 단체의 지지를 이끌어 낼 수 있을 것이다.

프레스턴 시의회는 현재 경제 소유권 문제와 관련한 새로운 유형의 공동체 자산 구축 전략을 실행하고 있다. 2021년에는 시 자산으로 4000만 파운드(약 637억 원) 규모의 영화관과 복합 여가 시설 개발 사업이 시작되었다. 여기에서 나온 이윤은 모두 지역 내에서 고용과 공급을 시행하는 시의회로 돌아갈 것이다. 또한 시의회는 앵커 협력 기관들과 함께 시의회가 운영하는 여러 장소의 관리 등 아웃소싱하던 활동을 직접 고용하거나 내부 조달로 전환하고 있다. 지방자치

---

* 중위소득 이하의 사람들이 적정한 주거 비용을 내고 거주할 수 있는 임대 주택을 뜻한다. '저렴 주택'으로 옮기기도 한다.

단체와 협동조합이 소유권을 갖도록 촉진하는 일은 경제 민주주의가 더 깊이 뿌리내리도록 하며, 이는 프레스턴 외 다른 지역에서도 시행할 수 있는 정치적 선택이다.

경제 민주주의로 나아가기

노동자 소유 협동조합

프레스턴에서 몇몇 앵커 기관의 수요를 충당하기에 현지 공급 시장의 크기가 제한적인 경우가 있었다. 이 상황이 새로운 사업체들의 성장을 장려할 뿐만 아니라 더 민주적인 기업 소유 형태를 가능하게 만들 기회가 된다는 사실을 인식한 시의회는 공공 계약 입찰에 참여할 지역 사업체가 없는 분야에 협동조합이 그 공백을 메우도록 지원하는 전략을 세웠다. 새로운 분야의 신생 협동조합 설립을 지원하거나, 사업체 소유주가 은퇴하면서 기업을 매각할 때 이를 직원들이 매수하는 방식으로 협동조합의 성장을 독려했다.

프레스턴 시의회는 UCLan 소속 교수들과 긴밀히 협력하면서 도시 내 협동조합 부문을 발전시켜 나갔다. 시의회는 현재 프레스턴 협동조합 개발 네트워크(PCDN, Preston Cooperative Development Network)

로 발전한 길드 협동조합 네트워크(Guild Cooperative Network)를 설립하여 기존 협동조합에서 활동하는 이들뿐만 아니라 새로 협동조합을 설립하려는 사람들을 한곳에 모아 실질적인 지원과 조언을 제공했다. 마찬가지로 협동조합 형태로 설립된 이 네트워크는 실제적인 교육 훈련과 능력 개발, 법률 서비스, 조합원의 연결망 형성 등을 도왔다. 이를 통해 다양한 분야에 걸쳐 여러 지역 협동조합이 신설되었다. 영국 최초의 교육심리학자 협동조합으로 지역 내에서 서비스를 제공하는 링크(Link), 건강 카페이자 요리 교실이면서 출장 연회 서비스를 제공하는 더 라더(The Larder), 디지털 환경에 특화된 미디어 협동조합 프레스턴 디지털 재단(Preston Digital Foundation), 지역 택시 기사 협동조합인 노스웨스트 블랙 캡스(North West Black Cabs Ltd) 등을 예로 들 수 있다. 돌봄, 건설, 교육, 출소자 지원 분야에는 노동자 소유의 협동조합으로 전환될 잠재력이 큰 조직이 적어도 열 개 이상 존재하며, 여기에서 일하는 프레스턴의 노동자 수백 명은 다가올 몇 년 내로 노동자-소유자가 되겠다는 열망을 품고 있다. 협동조합으로 전환한 회사들은 민주적으로 운영되어 윤리적 임금과 노동 조건을 제공하는 것은 물론이고, UCLan의 재학생과 졸업생을 위한 일자리도 마련할 예정이다. 이런 취업 기회가 졸업생들이 런던이나 맨체스터로 떠나지 않고 이 도시에 남겠다는 선택을 내리게 하는 데 도움이 된다면, 이는 프레스턴 경제에 큰 활력을 불어넣는 일이 될 것이다.

UCLan 소속 줄리언 맨리 교수는 학부생을 대상으로 협동조합에 대해 교육하고, 학생들이 학내 비즈니스 허브인 프로펠러와 연계해 협동조합을 설립하고 지원을 받을 수 있는 커리큘럼을 운영하고 있다. 이 커리큘럼에서는 사업에 필요한 지식과 윤리, 지속 가능성 및 협동조합 운영에 관한 내용을 폭넓은 교육과 실습을 통해 익힐 수 있다. 또 맨체스터의 협동조합대학(Cooperative College)과 제휴하여 협력과 경제 민주주의의 원칙을 한층 더 구체화하기 위한 협동조합 교육을 계획하고 있다.

프레스턴 시의회는 2019년에 공동체 자산 구축 담당 각료 직위를 신설했다. 현재 이 자리는 프레디 베일리(Freddie Bailey)가 맡고 있는데, 정력적인 활동가인 그는 노동자 소유권 확대에 대해 깊은 이해와 강한 열정을 보여 주고 있다.

프레스턴 디지털 재단의 사례 -마크 포터(Mark Porter)의 글

노동자가 사업체에 대한 소유권을 갖는 협동조합을 시작해 보자는 생각은 런던에 소재한 노동자 소유 협동조합인 IT기업 아웃랜디시(Outlandish) 측과 대화를 나누다가 우연히 떠올랐다. 나는 학부생을 대상으로 기업론을 강의했는데, 그러다가 생각지도 않게 동류 집단(peer group) 내에서 벌어지는 계층 간 갈등을 해결하기 위해서 구성 단위를 비계층적(non-hierarchical)으로 운영하는 방법을 개발했는

데, 공교롭게도 이 방식이 협동조합의 방식과 맞아떨어졌다. 아웃랜디시에서는 '대학 협동조합' 개념을 제안했다. 이를 통해 학생들은 협동조합의 일을 경험하는 한편, 종전의 방식으로 기업에 취업하거나 불안정한 자기 고용(self-employment) 형태로 혹사당하는 일과 비교해서 협동조합에 어떤 잠재적 이점이 있을지 경험할 수 있다.

나는 또한 디지털 랭커셔(Digital Lancashire) 프로그램에 참여한 적이 있다. 이 프로그램은 랭커셔 지역 출신 디지털 인재를 지역에 붙잡기 위해 고안된 것으로, 이는 지역 경제에 보탬이 되고 졸업과 동시에 이 지역을 떠나는 졸업생들에게 다른 대안이 될 수 있다. 나와 두 명의 대학 중퇴자, 공부와 병행할 시간제 일자리를 찾는 몇몇 대학원생에게 이 프로그램은 설득력 있게 다가왔다. 우리는 이런 상황에서 디지털 협동조합이 어떤 모습일지, 우리가 보유한 기술 가운데 시장에서 가치 있는 것이 무엇일지를 고민하기 시작했다.

그즈음에 프레스턴 모델과 프레스턴 협동조합 개발 네트워크(PCDN)가 하는 일을 알게 되었고, 앵커 기관으로서 UCLan의 역할에 대해서도 얼핏 들었다. 나는 협동조합 모델이 우리가 하는 일과 잘 들어맞는지 알고 싶었고 이와 관련된 몇 가지 기본적인 교육 훈련을 받기 위해 맨체스터에 있는 영국 협동조합 연맹 본부를 찾아갔다. 그리고 우리가 노동자 소유 협동조합으로 발전하려면 지역의 지원이 더 많이 필요하다는 점을 알게 되었다. PCDN에 가입할 기회가 찾아왔고, 이를 놓치지 않은 우리는 뜻이 맞는 사람들과 같이 일할 기회와 많은 지원을 받았다. 동시에 노동자 소유 협동조합에 대해, 그리고 그런 협동조합이 어떻게 프레스턴 모델과 합치하는지 더 잘 이해하게 되었다.

협동조합을 설립하는 게 일반적인 회사를 세우는 것보다 더 어려운 일이라는 사실을 알고는 있었다. 우리는 인내심을 가지고 우리의 야심을 실현해 줄 기업 지배구조 모델을 만들어 냈고, 이어서 중요한 시드 프로젝트를 맡게 되었다. 이 프로젝트를 통해 우리는 고품질의 디지털 제품을 제공할 수 있었고 더불어 소규모로 협동조합 관리 모델을 시험해 볼 수 있었다.

프레스턴 시의회와 협력하면서 우리는 자산을 공유하는 방식으로 성공을 거둔 몬드라곤의 방식을 모방하기를 바랐다. 이는 각 협동조합이 다른 협동조합을 지원하여 공동체 자산 구축과 복지를 증대하는 방식이다. 우리는 매출액의 10퍼센트를 '사회적 책임 프로젝트'에 보낼 생각이다. 이 프로젝트는 프레스턴의 다른 협동조합을 지원하고 나아가 노동자 협동조합을 윤리적이고 공평하고 생존 가능한 대안적 사업 형태로 발전시킬 것이다. 특히 코로나-19와 2008년 금융 위기를 겪으며 협동조합이 전통적인 민간 회사보다 더 탄탄하고 생존 가능성이 높은 사업체일 수 있다는 사실이 더 분명해지고 있다.[4]

지역을 중심으로

지역 공동체에 대한 재정 지원

프레스턴 시의회는 앵커 기관과 중소 공급업자 모두가 지역 경제에 활력을 불어넣고 지역 공동체에 사회적 개선을 가져올 윤리적 행동을 실천하도록 독려했다. 여기에는 생활임금 지급, 도시 내 저소득 지역 출신자 채용, 노동자 경력 개발 방안 구축 등이 포함된다. 맨체스터 시의회에서는 진보적 조달 전략을 통해 공급업자들이 노동자들에게 생활임금을 지급하고 직원 복지를 우선하도록 독려하고 있다.

2012년 프레스턴 시의회는 잉글랜드 북부 지역 최초로 생활임금 지급을 결정한 지방자치단체가 되었고, 지역 내 다른 고용주들도 동참하라고 독려했다. 이 결정으로 프레스턴은 현재 랭커서 지역에서 생활임금 미만의 급여를 받는 노동자의 비율이 가장 낮은 도시가 되었다. 현재 프레스턴에는 50곳 이상의 생활임금 지급 사업체가 있다.

생활임금재단은 프레스턴과 인근 지역 저임금 노동자 가운데 25퍼센트에 해당하는 이들의 임금이 인상된 것으로 추산했는데, 이 노동자들의 일터에서 생활임금을 지급했기 때문이다.

또한 프레스턴 시의회는 약탈적 사채업자에 맞서기 위해 도시 전역을 아우르는 신용조합인 클레버 머니(CLEVR Money)를 지원했다. 블랙풀에 근거지를 둔 이 신용조합은 현재 조합원 수가 850명을 넘어서는 규모로 성장했다. 시의회는 금융 소외 계층을 위해 연간 12만 파운드(약 1억 9122만 원)의 자금을 지원하는 한편, 가정의 에너지 요금을 줄일 수 있도록 무료로 주택 단열 공사를 비롯한 에너지 효율성을 높이는 다양한 조치를 제공하고 있다.

프레스턴의 다음 계획은 지역 경제 발전을 사명으로 하는 지역 공동체 은행을 설립하는 것이다. 고객 소유 협동조합으로 세워질 '공동체 은행'이라는 형태는 투자금이 지역 공동체로 흘러 들어가게 하면서 투자자에게 안정적인 금융 수익을 제공할 수 있다. 이런 유형의 은행은 지역 중소기업을 지원하며, 금융 불평등 및 사회 불평등 감소를 핵심 목표로 한다. 지역 공동체 은행은 프레스턴 등지에서 공동체 자산 구축의 조력자 역할을 해낼 것이다.

이 같은 대안적 금융 모델이 독자적으로 생존하기 위한 최소 수준의 자본과 서비스를 확보하려면 프레스턴 내 앵커 기관은 물론 다른 지역의 앵커 기관들에게서 지원을 이끌어 내는 일이 중요할 것이다. 프레스턴 시의회는 이 은행에 지원할 자금으로 100만 파운드(약 16억 원)를 책정했지만, 초기 출자금이 2000만 파운드(약 315억 원)에 이르기 때문에 다른 지역의 협력을 얻기 위한 광범위한 노력이 필요하다. 이제 '노스웨스트 상호저축은행(North West Mutual)'이라고 이름이 지어진 이 은행에 향후 어떻게 투자를 진행할 것인지를 논의하는 최초의 자리에 리버풀과 위럴 등 노스웨스트 잉글랜드 지역의 다른 시의회와 공공서비스우수성협회(APSE, Association of Public Service Excellence)가 참석했다. 프레스턴이 지원하는 이 은행은 온라인 분야에서 업무를 확대해 나갈 예정이지만 실제 물리적 지점을 설치하는 일에도 주안을 두고 있다. 매튜 브라운은 이렇게 말한다.

은행들은 우리 시의 중심가를 버리고 떠났습니다. 이윤을 보고 내린 결정이지요. 온라인 뱅킹 때문에 점점 내방 고객이 줄고 있지만 노인이나 장애인, 그리고 돈 문제로 누군가와 상담하고 싶은 사람이나 영세 사업체는 어떻게 해야 할까요? 돈벌이도 중요하겠지만 우리에게는 공동체를 살피는 은행이 필요합니다.[5]

지역에 끼친 영향

지난 5년 동안 프레스턴 시의회, 그리고 시의회와 손잡은 여러 기관이 지역 경제에 지출한 금액은 3800만 파운드(약 606억 원)에서

1억 1100만 파운드(약 1771억 원)로 세 배 가까이 늘었다. 지역 공급
망을 발달시킬 것을 독려한 결과 불안정한 일자리와 근로빈곤층이
감소한 것은 물론 더 높은 임금을 받는 새로운 일자리가 창출되었다.
영국 노동조합회의(TUC, Trade Union Congress) 노스웨스트 지부 사
무총장 린 콜린스(Lynn Collins)는 생활임금 지급과 양질의 일자리 창
출로 전략을 보강한 프레스턴의 접근법이 더 광범위한 노동 운동과
공명하고 있다고 말한다. 또한 콜린스는 공동체 자산 구축을 중심으
로 지역 전략을 세우려는 열망을 품은 사람들이라면 프레스턴의 사
례를 따라 일찍부터 노동조합에 참여하는 것이 좋다고 이야기한다.
노동자들에게 발언권을 주고 높은 수준의 노동 조건과 임금을 창출
하는 것이 자신들이 하려는 일의 핵심임을 전달하여 노동자들의 지
지를 이끌어 내라는 것이다.[6]

프레스턴 도심의 커버드 마켓(Covered Market) 중건 및 보수 프로
젝트는 지역 회사들과 계약을 맺어 진행되었고, 이 회사들은 다시 지
역 인력을 채용하고 지역 대학의 졸업생을 대상으로 하는 수습 프로
그램을 마련했다. 랭커셔 주의회가 학교 급식 제공을 위해 맺은 계약
은 샌드위치 재료, 달걀, 치즈, 우유 등 품목에 따라 여러 입찰로 나누
어 진행되었는데, 랭커셔 지역 농부들과 거래하는 지역 공급업자가
모든 계약을 따냈고, 이로 인해 랭커셔주 내에 약 160만 파운드(약 25
억 원) 규모의 경기 부양 효과를 가져왔다. 프레스턴 도심에서는 '벌
리(Birley)'라는 지역 예술가 공동체에 이전에 사용하던 시의회 건물을

스튜디오 공간으로 내주어, 스튜디오 시설을 이용하기 위해 맨체스터나 리버풀로 이사해야만 했던 졸업생들에게 대안을 제공하기도 했다.

더 많은 사람이 일하게 되면서 지역 내에서 더 많은 돈이 돌고 있고 지역 공동체의 자신감도 높아지고 있다. 창의적이고 독립적인 신규 사업체들의 등장과 발전은 이 같은 사실을 잘 드러낸다. 이 전략의 성공은 단순히 경제적인 측면을 넘어 시의회와 지역 공공 기관에게서 문화적 전환을 이끌어 냈다. 외부 투자에 의존하는 통념에 이의를 제기하며 기존 자산 활용에 대해 다시 생각해 볼 수 있게 된 것이다.

이 책을 쓰고 있는 지금, 프레스턴의 공동체 자산 구축 전략은 한층 더 강화되어 코로나-19와 그에 따른 사회적·경제적 악영향에서 회복하는 것을 지원하고 있다. 이는 프레스턴 모델이 2008년 금융 위기에 이어진 긴축과 투자 철회에 대응했던 방식과 흡사하다. 현재 추진 중인 새로운 정책으로는 에너지 생산을 시영화하고, 앵커 기관이 덜 대표되고 있는 집단과 빈곤한 지역에서 채용과 사업 진행을 하도록 독려하고, 기존 사업체를 노동자 소유 벤처로 전환하고, 탈탄소 운동을 공동체 자산 구축 시책의 중심으로 삼는 것 등이 있다.

이견과 비판에 맞서

물론 브라운과 그 동지들이 프레스턴 모델을 개발하고 실행할 때 여러 이견과 문제 제기, 그리고 회의적 시각도 존재했다. 2011년 이전까지 프레스턴에 새로운 경제적 접근법이 필요하며 도시의 토대가 될 협동조합이 늘어나야 한다는 브라운의 제안과 경제 민주주의를 향한 그의 약속을 사람들은 미심쩍어 했으며, 그건 심지어 시의회 내 노동당 의원들도 다르지 않았다. 새로운 아이디어에 저항하거나 반감을 드러내는 것이 새삼스러운 일은 아니다. 이에 대해 브라운은 "우리가 이 프로젝트를 통해 달성하려고 애쓰는 일은 지극히 상식적인 것"이라고 주장했고, 이 새로운 아이디어가 성공을 거두자 진보적인 의원들과 지역 공공 부문 지도자들 사이에서 이 주장에 동조하는 지지자들이 서서히 늘어나기 시작했다.

프레스턴의 방식을 비롯한 공동체 자산 구축 전략을 두고 '보호주의적'이라고 비판하기도 한다. 하지만 이 모델의 원칙은 지역 업체가 계약을 수주 하려면 반드시 신뢰할 만한 품질과 경쟁력 있는 가격을 제시하고 계약을 이행할 수 있음을 증명해야 한다는 점을 명확히 밝히고 있다. 이들이 부당한 방식으로 경쟁에서 보호를 받는 것도, 이들에게 '수월한' 계약이 제공되는 것도 아니다. 현재까지의 결과가 시사하는 바에 따르면, 이 방식으로 랭커셔 지역 내에서 중소기업들이 런던이나 사우스이스트 지역에 근거지를 둔 '빨대 회사(추출 기업, extractive company)'들로부터 엄청난 공공의 부를 송금받는 다국적 기업이나 여타 대기업과 경쟁할 수 있었다.

콘론 건설의 사장인 마이클 콘론은 이렇게 말한다.

나는 프레스턴 모델과 그 근본 원칙이 정말로 '지역적인' 조달 및
투자 전략을 활용해서 우리 도시에 대한 자부심을 끌어올려 주었
다고 생각한다. 이 전략과 원칙은 프레스턴과 인근 지역에 속한
공동체 모두에 진정으로 혜택이 돌아가도록 한다. 사업체로서 우
리는 지역을 중심으로 이루어지는 지출이 여러 랭커셔 지역 조직
과 이들 공급망에 생명줄이 된다는 점을 잘 알고 있다. 그래서 원
칙적으로 여러 해 동안 가능한 한 지역 하도급 업체와 직원 들을
써 왔다. 이를 통해 이동에 비용이 적게 들고 건설 현장에서 이
산화탄소를 더 적게 배출할 수 있었다. 이처럼 지역적 조달은 사
업적으로도 타당하며, 우리 회사가 속한 공동체를 보살피는 것은
중요한 일이다. 이런 원칙들이 제 잇속 차리기라든가 편협한 처
사라고 여겨져서는 안 된다.[7]

문제가 있다면 이런 하향식 변화가 프레스턴의 일반 시민들에게
얼마나 흘러 들어갈지에 관한 것이다. 국가의 긴축 정책이 아동 빈
곤, 주거지 상실, 통합 급여(Universal Credit)* 수급권 등 다양한 문제
에 영향을 끼치고 있는 상황에서 브라운은 프레스턴 모델의 효과를
가시적으로 나타내기 어렵다는 사실을 인정한다.

*   2013년 도입된 영국의 대표적인 사회 보장 제도 가운데 하나로 구직 급여를 비롯한 기
      존의 복지 급여를 통합한 것이다.

"항상 분명한 효과를 발견할 수 있는 건 아니에요. 무언가를 개발하는 사업이라면 사람들이 그걸 볼 수 있겠죠. 하지만 우리가 하고 있는 일은 지역에 존재하는 부를 다루는 일이죠. 확실한 건 이 일을 통해 지역 바깥을 향하던 부가 안쪽으로 이전되고 있다는 겁니다."

비록 풀뿌리 수준의 근린 공동체 의회와 시민 의회 같은 형태가 눈에 띌 만큼 대규모로 발전해 급진적 지방자치를 실현한 바르셀로나에서처럼 정책 결정에 시민의 의견이 직접 반영된 것은 아니지만, 프레스턴의 경제적 변화는 노동조합, 지역 공동체, 종교 단체, 자원봉사 단체 등에서 점점 더 큰 관심과 참여를 끌어냈다. 물론 공적 자산을 지역 공동체에 지출하는 일은 그 자체로도 민주적이지만, 매튜 브라운은 앞으로 나아갈 꼭 필요한 단계로 더 직접적인 참여와 민주적 영향력을 그리고 있다.

줄리언 맨리는 경제적 측면을 우선시하는 기준으로는 복지와 사회적 개선의 정도를 측정하기 어렵다는 점을 지적한다. 예컨대 특정 지역에서 새로 만들어진 일자리 수는 그 일자리의 질이나 노동 조건이나 지속 가능성에 대해 아무것도 말해 주지 않을 수 있다. 게다가 프레스턴에 쏟아진 미디어의 관심은 역시나 관련된 과정이 얼마나 장기적인지, 평범한 일상 수준에서 행해지는 탓에 주목을 끌지 않는 일이 얼마나 많은지를 간과하는 경우가 많았다. 이런 일들은 매력적인 뉴스거리가 아닌 것이다. 정치 운동과 선거 유세 역시 당연히 즉각적이고 가시적인 변화에 초점을 맞추고 있으며, 이는 점진적이지만 포괄적인 변화를 목표로 삼는 프로젝트에 나름의 어려움을 안겨 준다.

프레스턴 모델의 설계자들은 대중이 밑바닥에서부터 변화를 인식하게 하는 일에 주력하고 있다. 지역 일자리의 질을 향상시키고, 고용에서 여가에 이르기까지 새로운 기회를 제공하며, 개선된 지역 환경을 경험하게 하는 등 이 모델을 통해 손에 잡히는 중대한 변화가 이루어지고 있다는 인식이 뿌리내리도록 하는 것이다. 이런 인식이 점차 증가하고 있다는 증거가 제시되고 있는데, 이는 지지율 같은 정치적인 것이라기보다 지역의 긍정적인 변화가 만들어 내는 장소에 대한 자존감 같은 것이다.[8]

이 같은 논의에서는 지방자치단체의 한계 내에서, 특히 지속적인 재정 지원이 감소하고 긴축이 추진되는 상황에서, 할 수 있는 것과 없는 것이 무엇인지를 인식하는 것이 도움이 된다. 프레스턴에는 운 좋게도 여러 '장소 기반 기관'이 위치하고 있다. 또한 프레스턴은 런던과 맨체스터로 바로 이어진 교통망, 그리고 조달 방식 전환을 통해 변화할 수 있었던 대규모 공공 부문과 비교적 강력한 산업 토대를 보유하고 있다. 랭커셔나 영국의 다른 여러 지역에는 빈곤과 결핍에서 벗어날 길을 벼려 낼 이런 수단이 없다. 프레스턴에서도 이런 시책을 지지하는 강력한 풀뿌리 운동이 구축되지 않고서는 지역 신용조합이나 시의회 소유의 에너지 공급업체가 다국적 은행이나 대규모 민간 전력 공급업체와 지속 가능한 경쟁을 벌일 수 없다는 점은 분명하다.

흔히들 지역 협동조합은 보조금 없이 규모가 훨씬 큰 다국적 기업과의 경쟁에서 성공적으로 살아남을 수 없다고 비판한다. 하지만 대기업도 정부 보조금을 받는 일이 흔하고, 이들 대기업은 합법적인 조세 회피 즉 절세를 통해 사업에 들어간 전체 원가보다 세금을 더 적게 내는 일 또한 많다. 게다가 노동자들에게는 생활임금보다 더 적은 금액을 지급하고 사업 운영 중에 발생한 환경 비용을 완전히 부담하지 않는 경우도 많다는 사실을 인정하는 것 역시 꼭 필요하다. 만약 규제를 통해 공정한 경쟁의 장이 만들어지면 협동조합과 사회적 기업도 대기업과 대등하게 경쟁할 수 있다.

지역의 지도자들은 화이트홀(Whitehall)*에서 더 많은 권한이 이양되기를 기다릴 필요가 없다. 이들은 직접 조치를 취하고 곧바로 자기 지역 경제의 균형을 바로잡을 수 있다. 향후 몇 년 안에 영국 정치가 어떤 길로 들어서든지 간에 경제 회생을 위한 대안적 지역 모델은 지방의 빈곤과 불균형에 맞서 싸우고 이 나라를 더 높은 수준으로 이끌려는 모든 시도의 바탕이 될 것이다. 정당과 대표자 들은 긴축에 반대하고 의회에서 지역과 마을과 도시를 대변함으로써 이 과정에 도움을 줄 수 있다. 또한 지역 공동체를 위해 더 많은 자원 및 재정 지원과 교통망 확충을 주장하고, 지역을 대표하는 사람들 스스로 일을 해낼 수 있도록 의사 결정권과 징세권과 지출권을 이양할 수 있다.

---

*   영국 의회와 정부 관청들이 모두 밀집해 있는 런던의 거리로 '영국 정부'를 뜻하는 별칭이다.

나아가 지역의 하원의원이나 입후보자 들은 풀뿌리 수준에서 이루어
지는 시책과 운동에 동참하기 위해 노력해야 한다.

이 모든 건 지역의 민주적 권한을 강화하는 일의 일환이자 일종의
시민 공동체적 기반 시설과 자원을 재구축하는 일이며, 노동당은 역
사적으로 바로 이런 정책을 통해 지지를 얻어 낸 바 있다. 노동자가
지역 사업체를 소유하는 것을 독려하든 지역 공동체 내에서 지출의
방향을 바꾸든, 어떤 방법으로든 지역 경제의 기반을 재구축하는 일
은 삶의 질에 긍정적인 효과를 가져오는 것은 물론, 더 큰 지역적 공
동체주의와 연대 의식으로 이어질 수 있다.

변화를 향한 열망은 프레스턴 모델의 동력 가운데 하나다. 중요
한 건 지역의 돈이 아니다. 중요한 건 협동조합 구조가 요구하는
바와 같이 민주주의에 참여하는 것이고, 시민의식이며, 장소에 대
한 자존감이다. 앵커 기관이 지역에서 더 많이 지출하겠다는 선
택을 내리는 이유는 조달 담당자와 이들 기관이 모두 이런 사실
을 얼마간 느끼고 있기 때문이다.[9]

활용 가이드

프레스턴 모델의 핵심은 협력에 있다. 이 모델이 거둔 성공은 여러 조직 및 단체와 이해 당사자와 개인 공동의 노력에서 비롯했다. 이들 모두 강력한 지역 경제를 만들어 내기 위해 아이디어와 에너지와 전문 지식을 제공했고, 이 지역의 경제가 지역민 대다수를 위해 돌아가도록 힘썼다. 비록 매튜 브라운과 마틴 롤린슨이 프레스턴 모델의 최초 설계자라지만 이는 프레스턴 시의회의 전유물이 아니라 수많은 사람과 집단과 기관이 공유하는 협업 프로젝트다.

공동체 자산 구축은 지역적으로 생각하고 지역이 처한 현실을 진단하고 인식하여 지역 여건에 적합한 해결책을 개발하는 데 바탕을 둔다. 이는 프레스턴 모델을 다른 장소나 다른 지역 공동체에 곧바로 이식하는 것이 해당 지역에 대한 지식을 바탕으로 유기적으로 개발된 전략보다 효과가 덜할 가능성이 크다는 의미다. 예컨대 명확한 앵커 기관이 없는 곳에서는 지역 공동체 은행 설립이나 지역 화폐 제도에 집중하거나 협동조합 설립을 독려하는 데 우선순위를 둘 수 있다.

이런 사실을 염두에 두고 아래의 내용을 살펴보자. 공동체 자산 구축을 위해 지역 전략 개발을 시작하는 4단계 지침이다.

● 앵커 기관을 찾아라

대부분 마을과 도시에는 공공 기관이 있을 테고, 이들 기관은 해당 지역에 안정적으로 자리 잡고 상품과 서비스를 조달받고 돈을 지출한다. 대학교와 병원, 지역 주택조합 등도 이에 해당한다. 이런 앵커 기관을 찾고 이들의 지출 방식을 바꾸도록 장려해 더 많은 지역 공급업자에게 계약이 돌아가 지역 경제에 보탬이 되도록 하라.

● 진보적 조달을 시행하라

지방자치단체와 병원, 대학 같은 앵커 기관들은 식료품과 음료, 병상과 붕대, 종이, 사무용품, 연료 등 전 범위에 걸쳐 다양한 물품을 구매한다. 앵커 기관이 현지 구매처를 확인할 수 있도록 도와 지역 소재 기업의 상품과 서비스를 구매하도록 하라. 가능하다면 공공 계약 역시 지역 기업이 수주하도록 해야 한다.

● 협동조합으로 공백을 메우라

지역 공급업자 가운데 선택지가 전혀 없는 경우라면, 새로운 노동자 소유 협동조합 설립을 독려하고 지원하고 자금을 투자함으로써 앵커 기관 공급망의 이런 공백을 해소하라. 지역 투자은행의 투자를 이끌어 내거나 인내 자본(patient capital)*을 투자하거나 보조금을 지원하여 협동조합의 신규 설립을 지원하라.

● 공동체 전체를 지원하라

이는 앞서 말한 모든 요소를 연결하여 서로를 보강하면서 더 높은 차원으로 나아가게 한다. 예컨대 도시의 고용 관행과 정책을 강화하여 도시에서 가장 불이익을 받는 지역 출신자가 앵커 기관에서 일자리를 얻고 승진할 기회를 얻을 수 있도록 하라. 다중빈곤지표(Multiple Indices of Deprivation)를 활용하면 앞으로 채용 활동을 펼쳐야 할 지역이 어디인지 확인할 수 있을 것이다. 시의회는 공급업자들에게 계약 입찰 조건의 일부로 생활임금 지급, 노동자 기술 훈련 제공, 노동조합 인정을 요구할 수 있다. 종전에 외주를 주었던 서비스를 내부로 돌린 시의회와 공공 부문 고용주는 직원 채용 조건을 개선하고 서비스에 대한 민주적 감독을 강화할 수 있으며 나아가 지역에 더 큰 경제적 혜택을 가져다줄 수 있다.

---

*   시장 변동성에 반응하지 않고 단기적 수익을 추구하지 않는 장기 투자 자본을 말한다.

제 3 부

공동체 자산 구축,
근린 공동체에서
국가까지

지역시민주의의 가능성

부와 계급, 지역에 따라 괜찮은 삶을 누리는 데 필요한 자원에 접근하는 것에 불균형이 일어나고 있으며, 이런 불균형이 갈수록 점점 더 명백해지고 있다. 이런 사태로 대중의 불만이 소극적으로도 공공연하게도 표출되고 있다. 공동체 자산 구축 전략은 경제·사회·금융·환경 자원을 지역 참여를 통해 통제함으로써 일반 주민들 쪽으로 추를 기울이려는 시도다.

프레스턴 모델이 모든 상황에 들어맞는 방식은 아니지만, 이와 유사한 다른 곳에서 개발된 다양한 모델이 어떻게 지역 여건에 맞춰 수정되고 그 규모가 확대되거나 축소될 수 있는지를 보여 주었다. 다시 말해 '보편 적용 가능한 지역시민주의'의 가능성을 입증한 것이다. 결과적으로 프레스턴이 거둔 성공의 바탕을 이루는 원칙 대부분은 다시 다른 곳에서 채택되고 수정되고 있다. 3부에서는 서로 다른 방법으로 공동체 자산 구축의 핵심 아이디어 가운데 일부 또는 전부를 채

택했던 사람들을 살펴보고 이들의 이야기를 들어본다. 이런 사례로는 런던의 뉴엄자치구와 스코틀랜드 서부의 노스에어서, 그리고 자치 정부 수준에서는 '기초 경제'에 주력하는 웨일스 정부를 꼽을 수 있다. 이들 지역에서 취한 조치는 그 규모가 모두 제각각이고, 중앙 정부에 대한 자율성에도 차이가 있다.

이런 아이디어를 특정 공동체나 지역에 적용하려면 반드시 해당 지역의 여건을 고려해야 한다. 지역 산업의 특성과 지역에 터전을 둔 대형 고용주, 교통망, 사용 가능한 재원이나 전용할 수 있는 예산이나 잠재적인 가용 자금, 기존의 풀뿌리 프로젝트·운동 단체·상호 부조 네트워크·자선 단체 등의 유무와 같은 지역별 현황에 따라 계획 및 전략이 좌우될 수 있다는 말이다. 무엇보다도 대중의 참여로 실현되는 공동체 자산 구축 프로젝트를 비롯한 다양한 전략이 등장해야 한다. 이에 대한 유익한 사례로 웨일스 정부가 '기초 경제'를 도입한 것을 들 수 있다. 다만 이 정책은 별다른 선전 없이 웨일스 자치의회 고위직 수준에서 도입한 탓에 새로운 경제 접근법을 시행할 때 뒤따르는 대중과 기관의 관심이 상대적으로 적었다. 정책에 대한 별다른 홍보가 이루어지지 않으니 이미 '지역 구매'를 우선시하고 있던 지방 정부는 더 광범위한 정책의 필요성을 느끼지 못했고, 사업체와 기업 들은 이 정책이 자신들과 어떤 연관성이 있는지 알지 못했다. 이로 인해 지방 정부와 지역 사업체를 정책에 참여시키는 데 어려움을 겪었다. 이런 현실은 어떤 전략에 대해 고위층이 관심을 갖고 있고 이미 비슷한 활동을 펼치고 있는 풀뿌리 단체가 있을 때, 이 둘을 중간에서 연결하는 운영과 행정 측면의 일이 실행하기 어렵다는 사실을 드러낸다.

비록 다양한 기관과 싱크탱크와 정치 네트워크 여럿이 공동체 자산 구축 아이디어를 받아들이고는 있지만, 그보다 우선시해야 하는 건 일반 주민을 참여시키는 일이다. 주민들이 자신의 삶을 개선할 수 있도록 주민들에게 더 큰 힘을 부여하고, 이들이 주도적인 역할을 하도록 만드는 것이다. 지역의 단체와 개인 들이 서로 논의하고 아이디어를 주고받을 수 있도록 참여와 지원의 토대를 구축하는 일은 장기적 변화를 위해 필수적이다. 나아가 이는 특정 정치적 목적을 지닌 지도부나 정당에 기대지 않고 공동체 자산 구축을 추진할 수 있도록 하여 이 전략이 정치적 변화에 취약해지는 사태를 사전에 막아 준다.

프레스턴이 거둔 성공 가운데 하나는 보다 넓은 정치적 의식 속에서 대안적 경제 원칙으로 프레스턴 모델을 설립했다는 점이다. 이는 의사 결정자들에게 프레스턴 모델과 비슷한 접근법을 지향할 수 있도록 한다. 공동체 자산 구축의 아이디어를 확장해 변화를 이끄는 프로젝트로 만들려면 지역 의사 결정자들에게 확신을 심어 주는 것 외에도 지역에서 개발된 대안을 뒷받침하는 대중적 동력에도 초점을 맞추어야 한다. 개인과 가정이 고립되거나 뿔뿔이 흩어질 수 있는 현재와 같은 사회적·경제적 상황에서 디지털 통신과 소셜 미디어가 중요한 것은 분명하지만, 지역에서 구축된 노동조합, 종교 단체, 스포츠클럽 등 기존의 공동체 네트워크도 중요하기는 마찬가지다. 3부에서는 사례를 통해 온·오프라인에서 새로운 아이디어를 만들어 내는 방법과 대중의 참여와 지지를 이끌어 내는 방법을 살펴본다.

진정한 '큰 사회'로 나아가기

지방 정부와 중앙 정부가 마련하고 시행하는 공동체 자산 구축 계획은 중요하며, 이 둘 사이의 상호작용도 그러하다. 여기에는 충분한 재정 지원을 받는 서비스를 확보하는 것뿐만 아니라 인구 밀도가 높고 잘 연결된 대도시 지역에 살지 않는 사람들도 지역 문제에 참여할 수 있도록 해 줄 전국적인 인터넷 망 구축 같은 대규모 국가 프로젝트를 포함한다. 이중 후자는 코로나-19에 대응한 봉쇄 조치가 기존의 사회적·조직적 네트워크에 지장을 주고 있기에 특히나 중요하다. 물론 공동체 구성원의 자발적 참여와, 이들이 자기 지역 내 공동체 자산을 확인하고 운용할 역량을 갖추는 일 또한 그에 못지않게 중요하다.

캐머런 총리와 연립 내각의 '온정적 보수주의'는 관용과 협력이라는 자유주의의 이념을 말로만 떠들어 대는 것으로 유명했다. 심지어 그런 이념을 긴축을 숨기려는 목적으로 이용하기까지 했다. 지금은 대체로 잊히고 폐기되었지만, 2010년 정권 초기에 내놓은 제안에는

'큰 사회(Big Society)'라는 개념이 있었다. 이는 사회보수주의를 통합하고 분권화 또는 권력 이양을 위한 몇 가지 제안 가운데 하나였다. 이 개념에는 지역 공동체에 더 많은 권한을 부여하고, 사람들이 지역 공동체에서 적극적인 역할을 하도록 독려하며, 권한을 지방자치단체로 이양하고, 정부 자료를 공개적이고 투명한 방식으로 공표한다는 네 가지 핵심 주장이 있었는데, 여러 면에서 민주적 경제(democratic economy)를 위한 핵심 제안과 흡사했다. 이런 원칙을 뒷받침하기 위해서 여러 기관이 설립되었지만 몇 해 안에 대부분 좌초했고, 여러 방면에서 온갖 비판이 쏟아졌다. 2010년에 출범한 '큰 사회 네트워크(Big Society Network)'는 자선 사업 및 자원봉사자 주도의 지역 공동체가 새로운 아이디어를 장려하도록 설계되었다.

사실 20세기 초반 노동 계급이 발전시켰던 상호 부조 네트워크는 캐머런이 꿈꾼 일종의 '큰 사회'를 이미 만들어 낸 바 있다. 국가의 복지가 부재한 상태에서 지역 사회가 보건과 금융 지원을 제공한 것이다. 하지만 이는 정부나 고용주가 일반 주민에 무관심한 현실에서 부득이하게 구축된 것이었다. 이러한 지역 사회의 활동은 1945년 보건과 주택과 교육을 약속하고 노동 계급의 지지로 당선된 정부의 복지 국가 정책에 반영되었다. 반면 캐머런 연립 내각은 지방자치단체 예산 삭감 조치를 단행했고, 이는 도서관 폐쇄, 푸드 뱅크 이용과 부채의 증가로 이어졌다. 그러고는 자원과 시간과 에너지가 줄어들어 생긴 이런 공백을 시민들에게 스스로 발 벗고 나서서 메울 것을 요구했다. 이런 처사는 상처에 모욕을 더하는 것이었으며, 시민 개개인은 일과 삶에서 위기에 직면했다. 하지만 과거 정부가 국가를 되돌려 놓는다는 명분으로 자선 활동을 내세웠다고 해서 자원봉사 활동에 어떤 공익도 없다고 말하는 것은 잘못이다. 다만 심충적인 수준의 지원이 없고 국가가 시민들의 권한 강화를 지향하지 않는 상태에서는 자원봉사만으로 충분치 않다는 말이다.

능력과 사회적 의식을 갖춘 시민에게 중앙 정부가 얼마나 모순된 태도를 보이는지를 드러낸 가장 최근의 사례로는, 영국에서 코로나-19 봉쇄 초기에 어마어마한 수의 시민들이 솔선해서 지역 공동체의 검사와 추적에 협조했다는 사실을 들 수 있다. 불과 몇 주 만에 수백만의 시민이 자원해서 NHS를 돕겠다고 나서는 등 공동체 정신이 분출되었지만, 정부는 늘 그러했듯 이를 그냥 날려 버렸다. 정부는 무언가 수상쩍고 하원의원들과 끈끈한 연줄을 맺고 있는 이런저런 회사나 세르코(Serco) 같은 회사에 중요한 공공 보건 업무를 아웃소싱하는 일을 우선했다. 각급 정부는 축소된 공공 서비스를 메우기 위해 점점 더 많은 자원봉사자를 필요로 하면서도 수많은 사람이 금전적인 타산 이외의 것을 동기로 행동할 때 어떤 결과를 초래할지 두려워한다. 이 때문에 정부는 역설적이게도 자신들이 거듭 요구했던 바로 그 태도를 억누르거나 무시하느라 열심이다.

'지방자치단체 연합(combined authority)'과 '대도시 권역 시장(metro mayor)'에게 권한을 이양하려는 시도가 신노동당 시절부터 쭉 이어져

왔는데, 이는 중앙 정부가 자신이 벌려 놓은 난장판을 치울 책임에서 손을 떼려는 추가적인 시도처럼 보였다. 하지만 이번 장과 다음 장에서 우리는 이전 정부들이 냉소하며 도입했던 권한 이양과 지방 분권의 메커니즘이 지역 및 국가 수준에서 공동체 자산 구축 전략에 우호적으로 작용했음을 보게 된다. 오늘날 지방자치단체가 공동체의 필요를 확인하고 이를 충족시키기 위해 지역 기관, 풀뿌리 집단, 개인과 협력해 나아감에 따라 흥미롭고 영감을 주는 다양한 사례가 민주적 개입과 참여를 목표로 진행 중이다.

권한 이양과 공동체 자산 구축

영국에서 권한 이양은 국가와 지역 두 수준에서 이루어진다. 먼저 1997년 이후 도입된 국가 수준의 권한 이양으로, 웨일스와 스코틀랜드 그리고 북아일랜드에서 자치의회가 수립되었다. 다음으로 지역 수준의 권한 이양은 비록 잉글랜드 내에서 이루어진 경우가 일반적이지만 지역의 지출 우선순위를 결정하는 더 큰 권한을 지방 정부에 부여했다. 국가 수준의 권한 이양과 지역 수준의 권한 이양 모두 이제껏 영국 의회와 정부에 더 많은 의사 결정권이 부여되어 온 중앙집권화 과정을 되돌리려는 시도로, 이제까지 이런 중앙집권화는 사우스이스트 잉글랜드 지역에 부가 집중되는 현상을 초래했고 다른 지역의 주민들이 자신들에게 자기 삶을 개선할 방법이 거의 없다고 느끼게 했다.

● 웨일스

권한을 이양받은 웨일스 의회가 설립된 지 15년이 지나고, 「미래 세대 복지법(Well-being of Future Generations Act)」이 통과되었다. 이 법은 웨일스의 경제·사회·환경·문화적 복지 증진을 목적으로 하며, 그 과정에서 웨일스 자치 정부를 포함한 웨일스의 공공 부문이 지속 가능성을 고려하도록 법률로 정하고 있다. 이 법에 따라 웨일스 각 지역에 공공 서비스 위원회(PSBs, Public Services Boards)가 설치되었고, 이 위원회에는 지방 정부와 중앙 정부를 비롯해 보건 의료 기관, 경찰과 자원봉사 단체의 대표자가 참여한다. 이 법의 최초 입안자인 전 환경부 장관 제인 데이비슨(Jane Davidson) 박사는 자신의 책 『#미래세대: 어느 작은 나라에서 배우는 교훈(#futuregen: Lessons from a Small Country)』에서 이 법을 뒷받침하는 생각이 어떻게 가난과 실업에 대한 해법으로써 환경적 건강과 사회적 건강에 연결되어 있는지를 살펴본다.[1]

「미래 세대 복지법」은 '기초 경제' 전략과 함께 공동체 자산 구축의 여러 원칙과 웨일스 전역에서 형성되고 있는 몇몇 지역 계획을 뒷받침해 주고 있다. 웨일스 의회의 노동당 지도부 외에도 플라이드 컴리(Plaid Cymru)* 소속 의원들이 이끄는 케레디전주와 카마던시의 의회 또한 이미 지역 조달을 강조하고 있으며, 웨일스의 돈이 지역 사업체로 흘러 들어가도록 지방자치단체 예산을 활용한다. 웨일스에서 탈탄소화를 이루자는 최근의 제안 역시 지역 사회와 공동체가 에너지 생산에서 더 중요한 역할을 맡아야 한다고 규정하고 있다.

웨일스가 공동체 자산 구축을 정책적으로 실현할 수 있는 비옥한 토양처럼 여겨질지도 모르겠지만, 일반 주민들의 민주적 '동의'는 더 광범위한 시민 참여와 공적 담론에서 다루어져야 할 중요한 요소다. 웨일스의 공동체 자산 구축 계획을 떠받치는 사람들은 이전 세대의 여러 계획이 줄줄이 실패하면서 회의론, 숙명론, 허탈감이 단단히 뿌리내린 문화가 생겨났다고 강조했다. 그 계획들은 성격상 하향식이었고 의사 결정 구조는 너무 멀리 떨어져 있어서 지역 공동체 스스로 지속적인 변화를 추동할 수 있다는 어떤 믿음도 남기지 않았다는 것이다.[2]

● **잉글랜드**

영국에서는 프레스턴을 비롯해 맨체스터와 버밍엄, 그리고 브리스틀에 이르기까지 도시 수준에서 공동체 자산 구축 전략을 받아들이려는 시도가 이루어졌는데, 이러한 대안적 경제 모델 개발에서 고려할 만한 핵심 요소 중 하나는 지방자치단체 연합과 대도시 권역 시장

---

* 웨일스를 유럽연합에 속한 독립 공화국으로 만들고자 하는 민족주의, 좌파 사회민주주의 성향의 정당으로, '플라이드 컴리'라는 이름 자체가 '웨일스당'이라는 뜻이다. '웨일스 민족당'으로 옮기기도 한다.

직을 만들려는 광범위한 움직임이다. 2010~2015년의 연립정부가 도입한 이 제도는 잉글랜드 여러 지역에 권한을 이전하겠다는 광범위한 전략의 한 부분이었다. 이는 '지방자치단체 연합'이라는 새로운 지역 행정 기구를 만들 수 있는 제도로, 인접하는 지역 몇몇이 교통, 주거, 사회 복지와 그 밖에 자신들이 제공하는 여러 서비스에 대한 책임과 권한을 조정하는 한 가지 방식이다. 이를 통해 2011년에 광역 맨체스터 지방자치단체 연합(Greater Manchester combined authority)이 탄생했고 2017년에 전 노동당 하원의원이었던 앤디 버넘(Andy Burnham)이 이 곳의 초대 대도시 권역 시장으로 선출되었다.

대도시 권역 시장과 지방자치단체 연합 제도에 참여한 사람과 단체 모두 공동체 자산 구축의 원칙 일부를 자신들의 접근법에 녹여 냈다. 그 가운데 공동체 자산 구축 아이디어를 가장 명확하고 포괄적으로 채택한 예는 노스오브타인 지방자치단체 연합(North of Tyne combined authority)의 수장인 제이미 드리스콜이 아닐까 싶다. 드리스콜은 녹색 산업 혁명, 지역 공동체 허브 설립, 적정 주택 건설, 실질적으로 의미 있는 성인 교육, 공동체 자산 구축 등 5대 핵심 공약을 내걸고 당선되었는데, 이 공약은 노스오브타인 지역뿐만 아니라 영국 전역과 그 너머에서도 발견되는 여러 문제에 대처하려는 것이었다.

노스오브타인 당국은 사업체가 반드시 생활임금을 지급하도록 하는 것은 물론 직원들의 자유로운 노동조합 가입, 안정적인 일자리 보장, 노동자 정신 건강에 대한 지원을 포함한 각종 지원 등의 내용을 담은 '좋은 노동 기업 서약(Good Work Business Pledge)'을 도입했다. 영국 내 여러 지역에서도 시행 중인 앵커 기관을 중심으로 한 조달 모델은 노스오브타인의 핵심 전략이며, 이 지역에서는 이외에도 협동조합 부문에 주안점을 두고 기업을 매각할 용의가 있는 영세 소유주의 기업을 협동조합으로 전환하는 등의 전략을 시행하고 있다.

● 스코틀랜드 - 노스에어셔의 사례

노스에어셔는 베드타운, 옛 산업 지역, 해안 도시, 여기저기 산재해 있는 농촌 등 다양한 유형의 장소로 이루어져 있다. 또한 애런섬을 비롯한 여러 섬을 포함하고 있다. 애런섬은 이 지역 면적의 50퍼센트 가까이 차지하지만, 인구는 지역 전체 인구의 단 4퍼센트에 불과하다. 지역 경제가 처한 상황 역시 다양하기는 마찬가지다. 여러 해안 도시는 영국 내 다른 지역과 비슷한 문제를 겪고 있다. 비교적 부유한 베드타운이 있는가 하면 쇠락한 옛 산업 지역도 있고 관광 산업이 주도한 주택 시장 붐으로 지역민들이 쫓겨나는 지경에 이른 곳도 있다. 이 지역 지방의회는 공동체 자산 구축 모델을 해당 지역의 특성에 맞춰 변경하여 열악한 급여와 불안정한 노동 여건, 근로빈곤층 문제와 다른 대도시로 지역의 부가 유출되는 현상 등 여러 문제를 해소하고자 했다.

조 컬리네인은 2012년 선거에서 노동당 후보로는 최초로 킬위닝 지역에서 지방의회 의원으로 당선되었고, 2016년 8월에는 노스에어셔 지방의회 의장으로 지명되었다. 컬리네인은 현재 공동체 자산 구축과 관련된 문제를 비롯해 예산, 조달, 사업 지원 및 회생 등을 담당하고 있다. 컬리네인은 프레스턴 모델에 관한 이야기를 듣던 순간 '전구가 반짝였다'고 한다. 이를 자기 지역 공동체에 적용할 전략이 반짝 떠오른 것이다.

공동체 자산 구축 전략은 프레스턴에서와 마찬가지로 노스에어서 지역에 대안을 제공했다. 외부 투자에 의존하는 종전 모델과 부가 외부로 '유출'되는 문제에 대한 해결책을 제시한 것이다. 컬리네인은 이 지역 일부에 다시 나무를 심어 야생의 생태를 복원하려는 환경 전략을 더 잘 시행하기 위해서는 민간 개발업자가 아니라 지방자치단체가 토지와 자산을 관리해야만 한다고 생각한다. 노스에어서 의회가 한창 발전시키고 있는 '앵커 헌장(Anchor Charter)'은 앵커 기관의 책임 범위를 정하는 것으로 CLES가 확립한 5대 원칙에 그치지 않고 기후 변화에 맞선다는 여섯째 항목을 추가하고 있다.

컬리네인은 공동체 자산 구축에 대한 스코틀랜드 정부의 우호적인 관심을 환영하면서 이 전략의 규모가 확장되었을 때 그 잠재력이 희석되지 않으려면, 또 '포용 성장'이나 '복지' 같은 추상적이고 정치적으로 진부한 말에 그치지 않고 그 이상으로 나아가도록 하려면 변화에 대한 약속이 수반되어야 함을 잘 알고 있다. 핵심은 노스에어서 의회가 풀뿌리 집단과 협력하고 민주적 참여를 독려함으로써 '공동체 자산 구축 전략이 공동체에 단단히 뿌리내리도록' 하는 것이다.[3]

대체 앵커 기관 찾기

일정 규모를 갖춘 마을이나 도시에는 대학과 같은 충분한 지출 능력을 갖춘, 다시 말해 앵커 기관으로 기능할 수 있는 공공 부문 기관이 있고, 마을이나 도시는 여기에 얼마간 의존할 수 있다. 버밍엄이나 프레스턴처럼 공동체 자산 구축 전략을 받아들인 여러 지역에서는 그렇다. 하지만 활용할 만한 기관이 얼마 없거나 아예 없는 지역에서는 어떤 기관이 앵커 역할을 할 수 있을지를 고려해 보는 것이 중요하다. '앵커의 깊이를 더하고 범위를 넓히기 위해 어떤 다른 공동체 자산을 활용할 수 있을까?' 이는 규모가 작은 마을이나 시골 지역에서 분명히 중요하게 고려해야 할 문제다. 어떤 지역이든 이 문제에 그 나름의 잠재적인 해답이 있고, 해당 지역에 대한 지식이 어느 기업과 기관을 이용할 수 있는지에 관한 최고의 지침이 될 것이다. 따라서 '우리에게 현재 어떤 준비된 앵커 기관이 있는가?'라는 질문보다 '우리는 어떤 앵커 기관을 가질 수 있는가?'라는 질문을 던지는 게 중요하다.

노스에어서에서는 클리블랜드의 경우에서처럼 지역 병원이 공동체 자산 구축에 이르는 한 가지 경로라는 게 드러났다. 2019년에 설립된 노스에어서 의회 산하 공동체 자산 구축 위원회는 앵커 기관을 한자리에 모아 실제적인 공동체 자산 구축 방안을 논의했고, 현재 이 위원회에는 NHS 에어서·애런 지부, 에어서대학, 스코틀랜드 경찰청,

스코틀랜드 소방방재청, 스코티시 엔터프라이즈(Scottish Enterprise)*
가 소속되어 있다. 흥미롭게도 노스에어셔는 공공 부문을 넘어서 이
지역에 뿌리내리고 있는 지역 공동체의 다른 고정 자원에 눈길을 돌
렸고, 이런 관심은 지역의 프로 축구 팀 킬마녹 FC(Kilmarnock FC)와
이 팀의 공식 팬클럽이 조직한 서포터즈 트러스트(supporters' trust)**
와 군건한 제휴를 맺는 것으로 이어졌다.

1999년 스코틀랜드 정부는 스포츠 팬들에게 응원하는 팀 운영에
더 큰 발언권을 부여하는 법률을 통과시켰고, 이 법률로 인해 공식
팬클럽은 서포터즈 트러스트를 조직할 수 있었다. 팬클럽은 팀 운영
에 동참하기 위한 여러 가지 방법을 동원했으며, 때에 따라서는 팀의
지분을 인수하기 위한 모금 활동을 벌이기도 했다. 노스에어셔 의회
는 공식 팬클럽이 빠르게 커 나가고 있던 이 지역 대표 스포츠 클럽
인 킬마녹 FC와 논의를 진행했다. 킬마녹 FC가 앵커 헌장에 동참하
도록 하는 목표로 논의한 결과, 현재 이 축구 클럽은 자체 수단을 이
용해 공동체 자산 구축을 지원하고 더 많은 사람에게 공동체 자산 구
축이라는 개념을 알리는 데 힘을 보태고 있다.

지역 공동체 생활의 주축이 되는 축구 클럽이나 기타 기관에 집중

---

*　　경제 개발 분야를 담당하는 스코틀랜드의 비정부 공공 기관.

**　　영국에서 자신이 응원하는 스포츠 클럽 운영에 팬들의 영향력을 강화하려는 목적으
로 운영되는 공식적이고 민주적인 비영리 단체를 말한다.

하는 것은 지역 공동체가 공동체 자산 구축 전략을 신뢰하도록 하는 한 가지 방법이다. 민주적 경제 및 공동체 자산 구축의 원칙과 스포츠 클럽의 서포터즈 트러스트를 뒷받침하는 원칙 간에는 자연스럽게 겹치는 부분이 있으며, 이 둘은 모두 사람들이 지역에 투자하고 시민 생활의 초석이 되는 여러 기관을 민주적으로 통제하는 활동을 독려할 방법에 주목한다. 이런 방식으로 공동체 자산 구축 전략은 지역 공동체 중심에 자리 잡을 수 있다.

공동체 참여에 대한 약속

2018년 노스에어서 의회는 직전 해 72명의 목숨을 앗아 간 런던 그렌펠 타워 화재 참사에 대응하여 지역 내 고층 주거 시설 다섯 곳의 세입자를 대상으로 실태 조사를 진행했다. 이 실태 조사는 품질이 더 좋은 공공 주택을 신규 공급하겠다는 전략의 일부로, 지역 회생을 위한 이 아이디어가 위에서 아래로 부과되는 것이 아니라 그 조치에 영향을 받는 사람들 손으로 직접 추진하도록 했다. 또한 노스에어서에서는 의회의 회의를 실시간으로 방송하고 온라인으로 대중과 협의하는 방식에서 몇 가지 성공을 거두기도 했다. 봉쇄 조치가 시행되자 참여를 증대하는 방법으로 실시간 방송이나 기타 디지털 기술을 활용하는 일이 필수적인 것이 되고 있다. 조 컬리네인은 이런 기술 활용이 지역 민주주의 전반에도 꼭 필요하다고 여긴다. 노스에어서가 지리적으로 넓게 형성되어 있는 데다가 다양한 형태로 이루어져 있기 때문이기도 하지만, 온라인을 이용하면 더 큰 수준의 참여가 가능하기 때문이기도 하다. 노스에어서에서는 공동체 자산 구축 전략 개시 행사를 온라인으로 진행했는데 1만 1000명 이상이 이를 시청했다. 봉쇄 조치 이전에 종전 방식을 이용한 행사 계획에서 참여 인원을 100여 명으로 예상했던 것과 비교된다. 온라인 개시 행사는 이후 공동체 자산 구축과 그 밖의 문제를 다양한 집단과 논의할 수 있도록 하는 물꼬를 터 주었다. 컬리네인은 의회 내에 참여 민주주의 담당 각료 직책을 신설하여 지역민의 참여를 진전시켜 나가는 것을 목표로 하고 있다.

지방자치단체가 기존의 대면 방식을 넘어 온라인으로 소통하고 참여하는 방식을 활용하는 것은 넓은 지역에 흩어져 있는 지역 공동체 전반에서 민주적 참여를 확대하는 데 디지털 플랫폼이 중요하다는 점을 보여 준다. 그리고 이를 위해서는 영국 전역에서 안정적인 인터넷 서비스 제공을 보장하고 필요한 기반 시설을 구축하는 일이 중요하다. 현재 영국의 저소득층 가구 가운데 4분의 1 이상이 인터넷 통신망에 접근하지 못하고 있다.

노스에어서 같은 지역에서 능동적인 민주적 경제가 시골 지역의 인터넷 통신망 개선에 달려 있다면, 이를 위해 굳이 전국적인 규모로 시행되는 기반 시설 구축 프로젝트에 매달릴 필요는 없다. 컬리네인은 애런섬의 지역 공동체가 연결성을 개선하기 위해 조치하고 있으

며 지역 개발 신탁에서도 인터넷 연결 문제와 관련해 지역 공동체 주
도의 해결책에 관심을 기울이고 있다고 말했다.

디지털 배제라는 문제에 맞서는 일은 민주적 참여를 넘어 반드시
필요한 일이다. 특히 봉쇄 조치로 인해 재택근무와 온라인 교육이 크
게 강조되면서 더욱 절실해졌다. 컬리네인은 이렇게 말했다. "숙제
나 온·오프라인 결합 학습을 할 수 있는 장비를 아이에게 제공하는
것도 중요하지만, 이 아이들이 인터넷에 연결되어 있지 않으면 아무
런 소용도 없다."

주민 참여 예산이란 무엇인가

노스에이서에서는 '주민 참여 예산'이라고 알려진 제도를 시험하고
있다. 이는 위에서 정한 대로 재원을 지역 공동체에 할당하는 것이 아
니라 재원 배분에 지역 공동체의 참여를 늘리기 위한 목적으로 설계
된 제도로, 이를 통해 공동체는 자기 지역의 우선순위가 무엇인지 제
시하고 해결 방법에 대해 영향을 끼칠 수 있다. 노스에이서에서는 시
의회의 부지 관리 사업을 주민 참여 예산 제도로 시행했는데, 사업을
시행할 시의회 소속 노동자와 일반 주민이 적극적으로 참여해 지역
환경이 어떻게 관리되어야 하는지 협의했다.

주민 참여 예산 제도는 1989년 브라질의 포르투알레그리에서 시

작되었다. 이 제도는 이 도시에서 가장 빈곤한 지역이 서비스와 기반 시설에 쓰일 자금을 충분히 받을 수 있도록 하는 방법이었다. 더 많은 사람을 정치 과정에 참여시키고 이들에게 결정을 내릴 권한을 부여한다는 그 자체로 좋은 아이디어를 동기로 시작되었고, 문제를 직접 겪고 있는 사람들이 문제 해결을 위한 최고의 능력을 갖춘 사람들이라는 생각을 토대로 한다.

주민 참여 예산에 할당된 금액은 매우 클 수 있다. 포르투알레그리에서는 대략 전체 예산의 21퍼센트, 미화로 약 6400만 달러(약 846억 원)에 달하는 액수를 이 제도로 운용한다. 아직 스코틀랜드에서는 주민 참여 예산의 규모가 크지는 않으며 일반적으로 공동체 프로젝트에 소규모 보조금을 지급하는 데 사용되었다. 하지만 중앙 정부와 지방의회의 공약으로 가용 자금이 늘고 있고, 보통은 지방자치단체가 결정하는 예산 편성 과정에 주민이 참여하는 모델이 시행 중이다.

주민 참여 예산 제도는 이미 영국 여러 지역에서 시도되고 있다. 2010년 글래스고에서는 지역 프로젝트에 쓰일 스코틀랜드 정부 자금 20만 파운드(약 3억 원)에 대한 편성 권한을 지역 공동체 대표자들로 구성된 고반힐 공동체 행동(Govanhill Community Action)에 넘겼다. 이 단체는 지역 공동체 주민의 삶에 직접 영향을 주는 사업의 우선순위를 판단해 자금을 할당했고, 여기에는 중독 가정 후원 모임(Addictions Family Support Group)과 공동체 사법 정의 파트너십(Community Justice Partnership)이 포함되었다. 이후 이 과정은 이 도시의 다른 자치구에

서 계속되었다.[4]

런던 동부의 타워햄리츠자치구는 2009년과 2010년에 주민 참여 예산 프로젝트인 '당신이 결정한다!(You Decide!)'를 시행했다. 이 프로젝트는 지역에서 시행할 서비스를 결정할 수 있도록 주민들에게 500만 파운드(약 79억 원)의 지출에 대한 통제권을 부여했다. 서비스 제공자들은 홍보 활동을 통해 이 과정에 참여했다. 이들은 광고, 보도자료와 포스터, 소책자 배포 등 전통적인 홍보 기법과 지역 공동체 조직 및 개인과 직접 접촉하는 방식을 함께 활용했다. 800명 넘는 주민이 여덟 번의 행사에 참석해 다양한 프로젝트에 지출을 할당했는데, 여기에는 청소년 포용 프로그램, 가로등 설치 및 정비, 약물 관련 봉사 활동가 지원, 근린 지역 녹화 프로젝트 등이 포함되었다.[5]

주민 참여 예산 제도에서 고대 그리스 민회를 연상하는 것은 확대 해석처럼 보일 수도 있겠지만, 양자의 기저에는 비슷한 원칙이 놓여 있다(사실 그리스 민주주의가 여성과 노예, 그리고 가난한 사람들을 배제했다는 점을 생각해 보면 주민 참여 예산 제도가 더 확장된 시민권의 정의를 보여 준다). 공개 포럼에서 프로젝트 내용과 소요 재원을 발표하고 설명하는 일 자체가 시민들을 민주적 과정에 참여시켜 투명성과 책임성을 높이는 일이다. 이 과정은 지역 민주주의가 어떻게 관료제를 통한 협의를 넘어설 수 있는지를 보여 준다. 노스에어서에서는 토론이 열리는 날을 가리켜 '가족끼리 외출하는 날'이라고 일컬었고, 타워햄리츠에서는 거듭 이루어지는 투표 활동을 '백만장자가 되고 싶은 사람은 누구?'라는 퀴즈 쇼 형식으로 구성해 투표 결과를 남은 선택지와 총예산액과 함께 화면에 보여 줬다. 지역 주민들에게 돈이 어디로 흘러가는지 보여 주고, 이면에 놓인 의사 결정 과정에 동참하게 하고, 이들에게 지금 그리고 앞으로 시행할 서비스에 대한 정보를 제공하며, 결정에 대한 책임감을 부여하는 이런 파격적인 활동은 주민들에게 앞으로 다른 참여 활동에는 물론이고 자발적 활동에 함께하겠다는 더 큰 열정을 불러일으킨다. 심지어 지역 민주주의에 불만이 널리 퍼져 있는 지역 공동체에서도 그렇다.[6]

주민 참여 예산 제도는 지역 공동체가 가장 필요하다고 여기는 곳에 자금을 돌릴 수 있으며, 이는 지방 정부의 통제를 통해 정부 지출 결정의 효과성을 높이는 권한 이양의 비전과도 일맥상통한다. 이 제도는 일반적으로 정치 과정 바깥에 놓이기 쉬운 시민들에게 실제로 행동할 수 있는 능력을 부여할 뿐만 아니라 지역의 지식과 우선순위를 바탕으로 자금이 가능한 한 효과적이고 효율적으로 지출되도록 한다. 주민 참여 예산 제도를 특정 이해관계만을 가진 집단이나 경제 사회적 특권층이 좌지우지하지 않도록 접근 가능성과 포용성을 높여 설계한다면 이 제도는 진정한 '공동체 참여'에 청사진을 제공하는 것은 물론 공동체 자산 구축 전략을 수립할 때 의견을 모으는 과정에서 필수적인 역할을 할 수 있다.

주민 참여 예산은 어떻게 작동하는가

우선 지방의회 의원들과 협력하여 예산 일부를 주민 참여 예산으로 전환할 수 있는지 살펴보고 이양할 수 있는 예산의 규모와 사용 범위를 파악하는 것이 중요하다. 이후 지역 공동체 내의 다른 이해관계자들과 대화를 나누면서 이들이 이 제도를 제대로 받아들이고 있는지 또 서로 이해관계가 상충하지 않는지를 확인하고, 광고와 홍보를 통해 지역 공동체의 참여를 이끌어 낼 방법을 모색한다.

주민 참여 예산 제도를 시행하는 일련의 과정은 지역 주민이 공적자금을 어떻게 처분하는 것이 가장 좋을지 결정하는 장이다. 딱딱하고 공식적인 느낌으로 진행하기보다는 전 세대가 어우러져 자신들의 프로젝트가 자금을 따내도록 애쓰면서 중간중간 휴식 시간에 사람들을 만나 대화를 나누고 놀고 즐기는, 즐거운 하루 나들이로 자리 잡을 수 있다. 이 과정이 정확히 어떤 구조를 취할지는 조직 담당자의 손에 달린 일이겠지만, 노스에어셔에서는 참여를 최대한 끌어올리기 위해 재미와 공동체 정신을 강조한 바 있다.

설령 주민 참여 예산에 분배된 금액이 상대적으로 적을지라도 이를 시행하는 과정 자체가 유익하다. 주민 참여 예산 제도를 시행하는 과정을 통해 사람들은 뜻이 맞는 공동체 구성원이 한자리에 모여 공동의 관심사를 확인하고 해결하는 것을 경험할 수 있다. 그뿐만 아니라 관련된 사람들의 자신감과 주체 의식을 높이고, 자원봉사의 역할을 확대하며, 지역 서비스 이용자와 공급자 간의 격차를 좁히는 효과를 가져올 것이다.

주민 참여 예산 제도가 아주 작은 행정구역에서 지방자치단체 연합 수준까지 나아가도록 하려면, 앞으로 이 제도의 어떤 부분을 발전시키고 확장할 수 있는지 확인하는 일이 중요하다. 포르투알레그리의 사례가 보여 주듯이 주민 참여 예산 제도는 현재 영국에서 시행되는 것보다 규모가 훨씬 더 큰 경우에도 성공을 거둘 수 있다.

일자리와 돈

협동조합을 통한 '노동자 소유 기업'이라는 아이디어와 일반 주민 간의 상호 금융 지원 구조 아이디어는 영국을 비롯한 여러 나라에서 긴 역사를 이어오고 있다. 두 아이디어 모두 점차 실제로 실행 가능한 대안으로 자리매김하고 있으며, 현 상황이 해결하지 못하고 있는 제조업 쇠퇴와 실업과 불평등 문제에 대처하고 있다. 다시 말하지만 이는 지방자치단체의 자원과 지원 그리고 풀뿌리 집단과 개인 들의 기술과 창의성과 진취성이 협력해 만들어 낸 공동체 자산 구축 전략을 통해서 개발되고 있다.

제조업 쇠퇴에 대한 예전의 접근법

1970년대 말부터 제조업 쇠퇴가 경제와 사회에 가한 충격은 영국 여러 지역에 영향을 끼쳤고 이는 여전히 나라 전체에 어두운 그림자를 드리우고 있다. 웨일스의 상황 역시 별반 다르지 않다. 웨일스 경제는 한결같이 영국의 다른 지역에 비해 뒤처져 있고 수도 카디프를 중심으로 발전한 탓에 지리적으로도 불균형하다. 1960년대에 런던과 웨일스 남부를 연결하는 M4 고속도로가 건설·확장되었고, 1970년대와 1980년대 석탄 기반 산업이 퇴조하면서 웨일스는 각종 공장과 산업단지 유치에 사활을 걸곤 했다. 여기에는 흔히 외국 기업에 대한 금융적 유인책이 수반되었는데, 그 와중에 기반 시설이나 연구 개발, 창업 대출이나 웨일스 내부에서의 교육 훈련 등에 대한 투자는 뒷전으로 밀려났다. 정부가 외부 투자에 의존하면서 발생하는 문제는 최근 2020년에도 고스란히 드러났다. 억만장자인 짐 랫클리프(Jim Ratcliffe)가 브리젠드 지역에 자동차 공장을 세우겠다며 웨일스 정부로부터 1300만 파운드(약 205억 원)를 받아 놓고서 프랑스에서 더 나은 제안이 오자 이 계획을 걷어차 버린 것이었다.

웨일스의 상황은 잉글랜드 북부의 여러 지역이나 미국의 옛 산업 지역과 다르지 않다. 이들 지역의 소도시와 지역 공동체는 겉보기에도 돌이키기 어려운 쇠퇴를 겪고 있다. 반면 대도시에는 투자와 고용이 집중되고 청년들이 몰리고 있지만, 부동산 가격이 치솟고 부유한 지식 계급이 주택을 독점하고 있고 이들에게 서비스를 제공하기 위한 서비스 부문의 불안정한 일자리가 우후죽순처럼 생겨나고 있다. 제조업이 쇠퇴한 지역 공동체 대부분은 경제적 배제가 불러온 복합적인 여러 문제를 겪는데, 전통적인 고용의 감소로 비경제활동인구가 증가하고 높은 불완전고용률과 실업률, 저학력, 고용에 필요한 기술의 부족, 나쁜 건강 수준과 짧아진 건강수명 및 기대수명 등을 들 수 있다. 웨일스의 시골 지역은 구조적 실업과 빈곤 외에도 인구 감소와 교통 기반 시설 부족 등 복합적인 문제를 겪고 있다.

비록 도시 지역은 경제 발전을 위한 개입에 힘을 모으고 있지만 지역 자본이 충분한 신규 일자리를 창출할 수 있을지, 도시 외부나 교외 지역에 거주하는 주민들에게 필요한 고용을 추가로 제공할 능력을 갖추고 있는지는 미지수다. 게다가 생산 가능 인구에 해당하는 사람들이 농촌 지역에서 도시 지역으로 이동하고 있고, 이는 그 자체로 문제를 일으킨다. 농촌 지역에서는 중심가가 쇠락하고 지역 교통 서비스가 이용객 부족으로 철수하고 있으며, 노년층은 자식과 손자 들이 어쩔 수 없이 수백 마일 떨어진 곳으로 이주하는 모습을 지켜보고 있다.

지난 30년 동안 영국에서는 경제적·사회적 배제가 큰 폭으로 증가했다. 최근까지 노동 시장 배제가 빈곤의 가장 큰 원인이었지만 현재는 일을 하고 있지만 가난한 '근로빈곤'이 주된 조건이 되고 있다. 이는 그저 어떻게 해서든 일자리를 만들어 내는 것에 그쳐선 안 되며 일자리의 장기적 안정성, 임금 수준과 노동 조건, 지속 가능성 등 '일자리의 질'에 주의를 기울여야 함을 보여 준다. 일자리 창출에 골몰하고 있는 정책 결정자는 사람들에게 '일자리'가 단순히 어딘가에 고용되었다는 사실을 넘어 양호하고 안정적인 생활 수준에서부터 삶에 대한 통제감과 삶의 목적에 이르기까지 많은 것을 제공한다는 사실을 반드시 고민해야 한다.

'기초 경제'라는 새로운 접근법

최근 들어 웨일스에서도 영국의 다른 지역에서와 마찬가지로 외부 자본이 진행하는 프로젝트에 공공 투자를 집중하는 방식이나 보조금에 의존하는 모델이 아닌 대안을 기반으로 지역 경제 발전에 대해 다시 생각해 보려는 시도가 이루어지고 있다. 다른 지역에서 시행된 전략은 대부분 CLES가 개발한 틀에 기대고 있지만, 웨일스 정부의 접근법은 그와 관련은 있지만 약간 초점이 다른 몇 가지 아이디어에 바탕을 두고 있다. 이 접근법은 맨체스터대학교(University of Manchester) 캐럴 윌리엄스(Karel Williams) 교수의 '기초 경제'에 관한 연구를 기반으로 한다.

현세대와 미래 세대 시민을 위한 복지는 개인적 소비보다는 기초 경제, 즉 필수적인 상품과 서비스를 구입하는 사회적 소비에 더 의존한다. 기초 경제는 각 가정에 연결되는 파이프와 케이블 같은 물질적 기반 시설과, 시민이라면 누구나 의존하기 마련인 보건과 돌봄 등의 필수 서비스를 포함한다. 이 시스템은 안전하고

문명화된 생활을 위한 기반이다. 하지만 이 시스템은 개인의 소
득이 높아진다고 해서 저절로 만들어지거나 재생되지 않는다. 따
라서 공공 부문에서는 경제 성장을 위해 사적 소비를 부추길 것
이 아니라 사회적 책임을 다하는 방식으로 전 시민을 아우르는
기본적 상품 및 서비스 공급을 보장하는 정책을 펼쳐야 한다. 이
것이 공공 정책의 특징이자 주된 역할이다.[7]

이 새로운 접근법을 이끄는 맨체스터대학교의 사회 문화 변화 연
구 센터(The Centre for Research on Socio-Cultural Change)는 기초 경제
를 다음과 같이 정의했다.

규모가 매우 크고, 대부분 화려하지 않고, 다소 이질적이며, 나라
전체에 분포해 있다. 당연한 것으로 여겨지는 서비스와 상품을 제
공하여 일상의 필요를 충족시키는 경제를 말한다.[8]

기초 경제에 토대를 둔 접근법은 1970년대부터 영국의 제조업 생
산량이 해마다 하락하고 있다는 사실을 인용하면서 옛 영화를 다시
꽃피우겠다는 꿈보다는 남아 있는 것과 '일상생활의 기반 시설'에 더
큰 관심을 기울인다. 여기에서 이야기하는 기반 시설에는 전기 등의
공공 설비와 식품 생산 및 가공, 유통, 교육, 의료 등이 포함된다. 이
런 경제 영역은 흔히 대수롭지 않은 일로 여겨지며 지난 40년 동안

사회·경제 정책에서 뒷전으로 밀려나 있었지만, 그럼에도 여전히 사회의 안녕에 필수적이고 특히 제조업 쇠퇴 지역에서 고용의 대들보 노릇을 하고 있다.

활동가들에게 열의를 불어넣는 대규모 변화 프로젝트에 비하면 기초 경제를 주장하는 건 다소 성에 안 찰진 몰라도, 기초 경제는 여러 모로 우리 코앞의 일상적 문제와 맞닿아 반향을 일으킬 수 있다. 사람들은 '탈탄소 경제'의 전망이라든지 자신들이 느끼기에 비현실적이거나 달성 불가능한 프로젝트보다 쓰레기통이나 버스 노선, 학교와 지역 병원에 더 큰 관심을 기울인다. 그린 뉴딜처럼 큰 변화를 이끌겠다는 정치적 수사는 실제로 그 약속을 이행할 정책과 뒤따라올 물질적 결과에 세심한 주의를 기울일 필요가 있다. 한편 기초 경제의 성공은 단기적 변화나 순수하게 경제적인 기준에 의해서뿐만 아니라 '빈곤과 불평등을 극복하고, 생태 회복에 조력하며, 공동체의 회복탄력성을 촉진하는 것'을 포함한 장기적 성취에 의해서도 측정된다.

웨일스에서는 노동력의 약 30퍼센트가 보건, 교육, 복지 분야에, 약 10퍼센트가 공익 설비, 소매, 식료품 제조 분야에 고용되어 있다. 옛 산업 지역에서는 이 수치가 약 50퍼센트에 달한다. 다른 여러 지역에서와 마찬가지로 제조업 쇠퇴에 뒤이어 한 장소에서 대규모로 이루어지는 고용이 퇴조했고, 이로 말미암아 경제적 토대가 재편되어 초소형 기업과 중소기업이 민간 부문 고용 대부분을 떠맡게 되었다. 이 상황에서 정치가 어떻게 개입할 수 있을지가 실질적인 문제가 되었다. 일반적으로 대기업 중심의 추출 경제 체계 아래에서는 역량을 갖추고 있으면서 사회적 책임감도 있는 기업의 성장을 독려하고 지원하는 일이 어렵지만, 영국에는 지역 공동체와 관계를 맺고 있는 영세 사업체나 가족 운영 사업체가 많다. 따라서 경제 구조의 전환을 시도하는 이들은 이런 작은 사업체를 중요한 축으로 여기고 있다.

웨일스 정부는 '기초 경제' 전략을 수용했지만 아직 웨일스 전체를 바꾸기에는 그 잠재력을 충분히 끌어내지 못하고 있다. 그렇지만 지역과 공동체가 주도하는 계획을 지원하고 발전시키는 웨일스 정부의 접근법은 유익하고 유의미하다. 웨일스 정부는 기초 경제 도전 기금(Foundational Economy Challenge Fund)을 조성하고, '잃어버린 중간'* 을 성장시키기 위해 노력했으며, 모범 경영(best practice)사례를 발굴하고 확산하는 활동에 주력했다.

기초 경제 도전 기금은 사회적 기업가 정신을 실현하기 위한 일종의 엔젤 투자자 역할을 하는 기금으로, 450만 파운드(약 71억 원) 규모의 자금을 웨일스 전역에서 기초 경제 강화에 기여하는 프로젝트에 투자한다. 이 기금은 공동체 조직이나 단체가 실패에 대한 두려움 없이 사회 경제적 대안을 실험해 보도록 하는 취지로 마련되었다. 또한 기금을 지원받기 위한 신청 과정을 세심하게 설계해 가능한 한 접근

---

*   규모나 고용 측면에서 중간 기업이 차지하는 비중이 대기업이나 소기업보다 훨씬 작은 현상을 가리킨다.

하기 쉽고 관료주의에 물들지 않도록 했다. 비록 코로나-19의 충격으로 지원을 받은 여러 프로젝트가 중단되거나 시행하는 데 지장을 받고 있기는 하지만, 이 기금에 제출된 여러 제안은 도심 재생에서부터 사회적 돌봄에 이르기까지 다양한 계획을 아우르고 있으며 소규모 지역 주도 활동을 시험하는 장이 되고 있다.

잃어버린 중간 되찾기 전략은 현지 공급망 구축, 웨일스 내 중소기업 육성, 지역 순환 경제를 중심으로 한다. '중간'에 해당하는 이들은 지역 사회와 끈끈히 연결된 '토착 기업'으로, 초소형 기업이나 중소기업일 수도 있고 협동조합이나 지역 공동체 공익 회사(community interest company)*일 수도 있다.

토착 기업은 해당 지역에 장기간 헌신해 온 사업체다. 웨일스에서는 기업가가 한창 성장하는 회사를 팔아 현금화하고, 이렇게 소유자가 바뀐 기업이 흔들리는 일이 허다했다. 웨일스 정부는 '인내 자본'을 활용해 지속 가능한 기업을 육성하고 있고, 빠르게 성장할 역량은 있지만 실패할 확률도 높은 회사보다는 성장은 다소 느리지만 지역에 계속 머물 회사에 장기적인 투자를 하는 방향으로 전환하고 있다. 또한 앞에서 살펴본 여러 사례와 유사하게 중소기업을 발전시켜 공급망에 생긴 공백을 메우도록 하는 한편 지역 기업의 소유주가 기업을

---

* 2005년 영국에서 도입된 회사 유형으로, 공익을 위해 회사의 이윤과 자산을 사용하는 일종의 사회적 기업.

매각하려고 하면 현지의 경영자가 그 기업을 인수하도록 장려한다.

웨일스 정부의 정책은 전반적으로 경제의 특정 부문이 아니라 장소의 세부적인 특수성에 초점을 맞추고 있다. 기초 경제에 해당하는 지역 신생 기업으로 자금을 돌리는 한편, 고용과 부에서 나타나는 지역 간 불균형을 해소하기 위해 공공 부문 일자리를 웨일스 전역에 재분배하기 시작했다. 이는 사회적 돌봄이나 식료품 유통 같은 필수 부문에 회복 탄력성이 더 큰 공급망을 구축하여 자유시장 모델의 극심한 변동과 교란 속에서도 공급망이 되도록 덜 흔들리게 하는 것을 목표로 한다.

내부 조달

고용에 대한 대안적 방식이 지방자치단체 내부에서 힘을 얻고 있다. 지난 수십 년간 진행된 민영화의 중심에는 민주적으로 통제되던 공공 서비스를 민간 업체에 외주하라는 이데올로기적 공세가 한 가지 요인으로 자리하고 있었다. 따라서 지방 정부가 제공하는 서비스를 지방자치단체가 통제할 수 있도록 '내부 조달(insourcing)'로 전환하는 일은 지역 경제를 민주적으로 통제하려는 공동체 자산 구축 전략의 핵심 의제가 되고 있다. 프레스턴에서는 이런 내부 조달을 시의회가 직접 제공하는 서비스를 넘어 다른 앵커 기관으로까지 확장했다.

대형 경비업체 지포에스(G4S)에 위탁하던 구금 시설 운영을 직접 관리하는 것으로 바꾼 노동당 소속 랭커셔 경찰 범죄 위원장 클라이브 그룬쇼(Clive Grunshaw)의 결정이 좋은 사례이다.

영국에서 2016년에서 2018년 사이에 최소 220건의 지방 정부 계약을 의회의 통제 대상으로 되돌려 놓았고, 공공서비스우수성협회(APSE)가 확인한 바에 따르면 2019년에는 영국 지방의회 중 77퍼센트가 제공 중인 서비스를 자체 조달로 돌릴 계획이라고 한다. 내부 조달과 재시영화(재공영화)는 세계적 추세다. 비영리 연구소 TNI(Transnational Institute)는 최근 민영화한 서비스를 다시 시영화하거나 지방 정부 산하로 공영화한 사례가 1400여 건에 이르며 관련된 도시도 58개국 2400여 곳이라고 밝혔다.

영국에서는 런던의 이즐링턴자치구에서 지방자치단체 최대 규모의 내부 조달 시도가 이루어진 바 있다. 이즐링턴 의회는 2010년부터 청소, 쓰레기 수거, 주택 보수, 교육 서비스 등 4억 파운드(약 6316억 원) 상당의 계약을 내부 조달로 전환했다. 이 조치로 순수하게 약 1400만 파운드(약 221억 원)를 절감할 수 있었고 1400여 명의 직원에게 생활임금 보장 등 더 나은 고용 여건을 제공했다. 여기에는 핵심 서비스를 민주적 통제 아래로 되돌렸다는 의의도 있다.

협동조합

협동조합에는 긴 역사가 있다. 영국에는 이미 7000개가 넘는 협동조합 기업이 있으며 전 세계 96개국에서 약 10억 명이 적어도 하나 이상의 협동조합에서 조합원으로 활동하고 있다. "공동으로 소유하는 사업체를 통해 공통된 경제적·사회적·문화적 욕구와 열망을 충족하고자 하는 사람들이 자발적으로 결성한 자율적 조직"으로 정의되는 협동조합은 사적 이익보다 사회적 이익을 지향하는 경향이 있으며, 이 경향 때문에 협동조합은 이윤 일부를 공동체에 다시 투자하는 모습을 보인다.

프레스턴 모델은 지방자치단체와 앵커 기관의 조달 정책을 바꾸는 활동의 일환으로, 그리고 이런 조달 정책을 보완할 목적으로, 지역 협동조합과 신생 기업을 독려하고 지원하는 데 우선순위를 둔다. 공동체 자산 구축 계획에서 협동조합은 다분히 전략적으로 기능한다. 많은 독립 협동조합이 설립과 동시에 제품(서비스)을 제공하고 그다음에 시장을 찾지만, 공동체 자산 구축 모델을 활용한 클리블랜드와 프레스턴에서는 오히려 시장을 먼저 확인한다. 반드시 기존 시장을 살피고 현재 공급망에 협동조합이 메울 수 있는 특정 제품이나 서비스의 공백이 있는지 확인하는 것이다.

협동조합은 다양한 형태를 취할 수 있고 경제와 사회의 많은 부분에 적용될 수도 있다. 공동체 자산 구축을 위한 협동조합의 주요 형태로는 노동자들이 사업체를 소유하고 관리하는 '노동자 협동조합', 식품이나 주택이나 공익 설비 같은 분야에서 해당 서비스 이용자가 직접 서비스를 구매하고 관리하는 '소비자 협동조합', 서비스 제공자와 수혜자가 소유권을 공유하는 의료 및 사회적 돌봄 분야의 협동조합을 들 수 있다. 마지막 사례는 노령자나 장애인에게 절실한 통제권 부족 문제를 해결하는 데 도움이 될 수 있다.

1982년에 설립된 웨일스 협동조합센터(Wales Co-operative Centre)는 협동조합과 사회적 기업의 성장을 지원함으로써 웨일스의 여러 지역 공동체에 힘을 실어 주려고 애쓰고 있다. 이 센터에서 지원하는 협동조합은 주택 계획에서부터 교육에 이르기까지 다양한 분야를 아우르고 있으며, 최근 들어서는 더욱 협력적이고 포용적이며 민주적인 방식으로 돌봄 및 복지 서비스를 시작하거나 운영하려는 사람들을 지원하는 데 집중하고 있다. 런던 북부의 켄티시타운에서 시작된 협동마을(Cooperation Town) 프로젝트는 조합원이 소유·운영하는 여러 식품 협동조합의 풀뿌리 네트워크가 공영 주택단지를 비롯한 지역 공동체에 자리 잡도록 노력하고 있다. 이 협동조합은 식품과 기타 생활용품을 대량으로 공급받아 이를 원가나 그 이하의 금액으로 조합원들에게 판매한다.

협동조합 사업체는 흔히 다른 기업 형태보다 경제적으로 탄력성이 더 큰데, 영업 개시 후 최초 5년간 살아남는 사업체의 수를 살펴보면 협동조합은 80퍼센트, 다른 소유권 형태의 기업은 41퍼센트로 협동조합 형태의 사업체가 두 배에 이른다. 또한 소유권을 공유하는 사업체는 생산성이 더 높으며 직원들에게 이익을 더 많이, 더 골고루 분배하는 것으로 나타났다.[9] 하지만 단순히 경제적인 요인을 넘어 협동조합은 평범한 사람들에게 자신의 일터를 운영하고 조직하는 데 직접 관여해 볼 기회와 자신이 만들어 낸 이익이 어떻게 사용될지에 영향력을 행사할 기회를 제공한다. 이는 일반 주민들이 사업이나 경제에 대해 점점 더 크게 느끼는 소외감이나 무력감 같은 문제에 강력한 해결책이 될 수 있다.

노동자의 사업체 소유를 독려하는 것과 수익성이 있고 확실히 자리를 잡은 회사를 협동조합 소유로 전환하는 아이디어는 2017년 노동당에서 작성한 「대안적 소유권 모델(Alternative Models of Ownership)」 보고서의 핵심이었다. 다양한 소유권 모델을 포괄적으로 살핀 이 보고서에는 경제가 모든 수준에서 변화해야 하며 이미 그런 변화가 진행 중이라는 내용이 담겼다. 즉 자산에 대한 통제권을 되찾아 이를 편의 시설로 운영하는 지역 공동체 수준에서부터 경제적 실험에 대규모 금융을 이용할 수 있게 하는 전략을 시행하는 웨일스 정부와 같은 정부 당국 수준에 이르기까지, 모든 수준의 경제가 변화해야 한다는 말이다.

다음 장에서 살펴보겠지만 공동체에 자산을 이전하는 것은 지속 가능성과 수익성을 기준으로 살펴도 괜찮은 결과를 내고 있다. 하지만 지속 가능한 지역 기반 기업을 새로 만들어 내거나 이미 존재하는 기업을 공동체의 손에 넘겨줄 방법을 찾기란 쉽지 않다. 어디에서나 적용할 수 있는 한 가지 방법은 회사의 소유주가 은퇴하거나 여타 이유로 회사를 매각하려고 할 때 노동자들이 해당 회사를 매수해 협동조합으로 전환하는 방식이다. 이 방법은 지난 2019년 회사 지분의 60퍼센트를 직원 소유 신탁으로 이전해 뉴스거리가 된 리처 사운드(Richer Sounds)의 창업주 줄리언 리처의 사례에서 엿볼 수 있듯 어느 정도는 사업주가 지닌 원칙이나 호의에 달려 있다.

협동조합을 시작하는 데 가장 큰 걸림돌이 자본이라는 사실은 새삼스럽지 않다. 따라서 신규 협동조합이 신용을 확보하는 일이 필수적이다. 클리블랜드의 에버그린 세탁 협동조합은 580만 달러(약 76억 원)를 들여 설립되었는데 그 일부는 시의회와 클리블랜드 재단에서 나왔다. 시 정부의 권한이 약하고 자선 자본의 사용이 어려운 영국에서는 협동조합을 창설하기가 더 어려울 수 있다. 웨일스 정부로부터 지원받은 자금을 다시 지역 협동조합에 지원한 웨일스 협동조합 센터의 사례는 정부 자금이 단계적으로 잘 전달되는 좋은 예시를 보여 주었다. 노스오브타인에서는 성장 기금(Growth Fund)을 조성했고, 이 기금으로부터 자금 지원을 받은 협동조합이 이익의 일정 비율을 다시 이 기금에 상환함으로써 협동조합 경제의 성장을 돕고 있다.

한편, 지역 투자은행을 설립하여 벤처 기업에 필요한 자금을 제공하는 계획 역시 협동조합 설립을 촉진하는 기회가 될 수 있으며, 신용조합을 통해 신생 기업에 필요한 신용을 제공할 수도 있다.

대안적 금융 모델: 신용조합과 시민은행

2008년에 발생한 금융 위기는 은행이 기이한 위치를 차지하고 있다는 걸 밝혀 주었다. 은행들은 사회 전체가 아닌 주주의 배를 불리는 데 복무했지만, 어쩐 일인지 중앙은행의 대출과 구제 금융을 통해 정부 보조금에 기댈 수 있었다. 은행이 사회적 책임을 지지 않는다는 사실은 지점 수가 줄고 있다는 사실에도 잘 드러난다. 영국에서는 1989년에서 2016년 사이에 은행 지점 절반 이상이 사라졌고, 약 1500곳의 지역이 이 생활 편의 시설을 빼앗겼다. 이런 현상은 인구가 적은 시골 지역이나 가난한 지역에서 특히 일반적이다. 이러한 물리적 지점 감소는 인터넷에 접속하지 못해 온라인 뱅킹을 이용할 수 없는 저소득층이나, 디지털 앱 이용에 어려움을 느끼는 노인과 장애인에게 영향을 끼친다. 영국에서는 은행 계좌가 아예 없는 사람이 130만 명에 이른다.

기본적인 금융 서비스를 이용할 수 없는 지역에 사는 개인은 약탈적 사금융업체에 노출된다. 이런 사금융업체는 흔히 높은 이자율에 터무니없이 높은 수수료가 붙은 '월급날 대출(pay-day loan)'*을 제공하는데, 이를 이용하는 고객들은 불안정한 일자리나 기존의 부채 때문에 이미 재정적으로 취약한 상태일 가능성이 크다. 중심가에 위치

---

* 월급날 대출금을 갚기로 약속하고 돈을 빌리는 고금리 단기 대출 상품.

한 은행이 문을 닫자 도심으로 향하는 사람들의 발걸음이 뜸해졌고, 이로 인해 지역 경제가 침체를 겪기도 한다. 한편 2008년 금융 위기 이후 은행이 더 수익성이 높은 대형 고객을 우선한 탓에 소규모 영세 기업은 대출을 받기가 더 힘들어졌다.

흔히 다국적 은행이 지역 공동체를 유기하는 사태에 대응해 지역 수준에서 마련되곤 하는 대안적 금융 모델은, 금융 배제에 대한 해결책을 제공하고 돈이 지역 경제 안에 머물도록 하며 소규모 사업체를 지원하고 약탈적 사채업자를 대체할 수 있다.

신용조합이란 무엇인가

신용조합은 일종의 금융 협동조합으로, 이는 신용조합이 조합원에 의해 소유·통제되고 주주의 이익보다 조합원의 이익에 호응해서 운영된다는 말이다. 계좌를 개설하면 고객이 아니라 조합원이 된다. 이를 통해 신용조합의 지분을 갖게 되고 운영 방식에 대한 투표권과 발언권을 갖는다. 신용조합에는 오랜 역사가 있으며 세계 각지에 존재한다. 현재 전 세계 105개국에서 운영되는 신용조합의 조합원은 약 2억 1700만 명에 이른다.

영국에서 상업 은행에 비해 신용조합이 차지하는 규모는 작지만, 나름의 영향력을 발휘하고 있다. 프레스턴에서는 사채업체에 맞서는 데 힘을 보태고자 시의회가 도시 전역을 대상으로 영업하는 신용조합 한 곳을 지원했고, 현재 그 조합원 수가 850명 이상으로 성장했다. 뉴엄자치구 의회는 주민들의 높은 부채 수준과 불안정 노동자의 높은 부채 비용에 대응해서 주민들에게 금융 관련 조언과 금전 관리 전략을 함께 제공하는 서비스인 머니웍스(MoneyWorks)를 설립했다. 머니웍스는 런던 공동체 신용조합(London Community Credit Union)을 통해 단기 개인 대출도 제공한다. 1만 5000명이 조합원으로 활동하는 런던 공동체 신용조합은 다섯 곳의 지점을 두고 50명 이상을 고용하고 있다. 이 신용조합의 지점은 주 6일 영업하며 텔레뱅킹과 온라인 뱅킹 서비스를 제공한다.

신용조합 만드는 법

신용조합을 설립할 때 관건은 조합원의 참여다. 신용조합을 설립하기 위해서는 가장 먼저 운영 위원회를 꾸리고 이들의 역할에 합의한다. 그다음 조합원의 자격 기준은 무엇이고 이 신용조합이 향후 누구에게 서비스를 제공할지를 정한다. 이는 조합원 자격에 대해 더 큰 질문으로 이어진다. 서비스에 수요가 있는가? 만약 있다면 어떻게 조합원을 모집할 것인가?

만약 수요를 확인했고 신용조합의 독자 생존이 가능하다면, 다음 문제는 재정이다. 당신은 어떤 재원을 찾아냈는가? 자금을 조달하기 위해서는 신용조합이 설립되어 영업을 개시한 때부터 최초 3년까지의 사업 계획이 필요하며, 명확한 목표를 제시하면서 지속 가능한 로드맵을 제공해야 한다. 훗날 이 계획은 재검토를 거쳐 진행 과정을 추적해 처음 윤곽을 그렸던 바를 계속 지켜나가고 있는지 확인하는 데 이용한다.

신용조합이 누구에게 서비스를 제공할지 확인했다면 이제 이 조합을 홍보하고 미래의 조합원들에게 서약을 받아야 할 때다. 신용조합으로 운영되려면 담당 기관의 승인을 얻어야 한다. 담당 기관은 사업 계획이 타당한지, 재무 상태는 건전한지 확인할 것이다. 이때 조합의 정책과 운영 절차를 담고 있는 포괄적인 서류를 갖추고 있거나 준비 중이라는 사실을 증명해야 한다.

물론 이에 더해 직원과 영업장소가 필요할 테고 필요한 모든 자원을 확보하고 있는지 확인해야 한다. 신청서를 확인하고 거듭 확인해서 성공적으로 제출하고 나면 곧 거래를 시작할 시간이 될 것이다.

시민은행이라는 해법

신용조합이 다양한 금융적 대안 가운데 필수적인 부분이기는 하지만, 이는 대체로 규모가 작고 월급날 사채업자를 대체하거나 저축 예금 계좌를 제공하는 데 주력하는 경향이 있다. '시민은행(people's bank)'은 이보다 큰 규모로 운영된다. 시민은행은 그 소유 구조로 보나 돈이 지역 경제 안에 머물러야 한다는 원칙을 고수한다는 점으로 보나 신용조합과 비슷하다. 하지만 시민은행이 고객에게 제공하는 다양한 서비스를 보면 그 밖의 모든 면에서 전통적인 대형 은행과 닮았다. 다만 시민은행은 금융 투기 같은 일에는 가담하지 않는다. 이런 금융 투기로 2009년 노던록(Northern Rock) 은행 고객들의 뱅크 런 사태가 일어났고, 대마불사라던 은행들이 결국에는 줄줄이 납세자의 돈으로 구제 금융을 받아야 하는 처지에 이르고 말았다. 규모가 훨씬 더 크고 여러 복잡한 규제 사항을 이행해야 하기에 시민은행이나 상호저축은행은 신용조합보다 설립에 더 오랜 시간이 걸리지만, 경제에 끼치는 영향 또한 마찬가지로 훨씬 크다.

상호저축은행은 그림의 떡 같은 현실성 없는 아이디어가 아니다. 영국에서는 현재 마을저축은행 연합회(CSBA, Community Savings Bank Association)의 도움을 받아 상호저축은행이 발전하고 있다. 독일에서는 상호저축은행이 이미 독일 은행 시스템에서 매우 중요한 부문으로 자리를 잡고 있다. 독일, 스웨덴, 덴마크, 이탈리아, 스페인, 프랑스에서는 공동체 협동조합 은행과 농업 협동조합 은행이 전체 은행 시장의 64퍼센트를 차지한다.[10] 지역에 주력하는 상호저축은행은 예금에 대한 민주적 관리 감독을 강화하고, 예금으로 모인 돈이 대출을 통해 지역 경제로 흘러 들어가도록 한다. '미텔슈탄트(Mittelstand)'라고 불리는 독일의 중소기업은 바로 이런 방식으로 자금을 조달받으면서 발전해 왔고, 이 방식은 영국의 지방자치단체 연합의 규모에서 경제를 다시 회복시키는 열쇠이기도 하다. CSBA에 따르면 2008년 금융 위기 당시 영국과 그 밖의 다른 나라의 은행에 구제 금융이 필요했던 것과는 달리 독일의 소형 지방 은행은 금융 위기의 여파가 미치는 동안에도 평상시처럼 대출을 계속할 수 있었고 이를 통해 그보다 규모가 훨씬 큰 다른 은행들을 집어삼킨 곤경을 모면할 수 있었다고 한다.

영국에서는 프레스턴 시의회가 노스웨스트에서 지역 은행을 설립하기 위해 다른 지방자치단체와 협력했을 뿐만 아니라 노스오브타인에서도 시민은행 설립을 위한 계획을 수립하고 있다. 콘월, 데번, 도싯, 서머싯 지역의 사우스웨스트 상호저축은행(South West Mutual)처럼 브리스틀에서는 에이번 상호저축은행(Avon Mutual)이 지역 주민과 사업체를 대상으로 한 대출 제공을 목표로 은행업 면허를 신청하는 과정에 있다. 이 계획은 모두 소액 예금자인 일반 투자자를 겨냥하지만, 돈을 빌리는 데 곤란을 느끼는 개인과 사업체 등 금융에서 배제된 이들이 은행 서비스를 이용할 수 있도록 하는 것을 목적으로 한다. 프레스턴의 계획에는 중심가에 지점을 여는 일이 포함되어 있는데, 이들 지점 가운데 일부는 자동화 기기만 놓겠지만 일부는 직원도 배치할 예정이다. 중앙은행인 영국은행(Bank of England)은 프레스턴에서 조직하는 은행에서 운용할 2000만 파운드(약 315억 원)를 보증하며 이는 대출 시장에서 지역 은행의 활동을 뒷받침할 것이다.

CSBA에 따르면 지역과 밀착한 은행에서는 현지에 거주하는 지점 관리자나 직원이 지역 사정과 경제에 대해 자신들이 알고 있는 바를 십분 활용할 수 있고, 이는 이런 은행들의 주요 강점이다.

토지, 공간, 자산

토지 이용권과 소유권, 접근권은 영국에서 권력을 행사하는 데 근본이 되며, 역사적으로도 국가의 경제가 어떻게 변화해 왔는지와 결부되어 있다. 국가가 소유한 막대한 양의 부는 건물과 토지에 묶여 있다. 토지 이용권과 소유권과 임차 문제는 거시적 수준에서 미시적 수준까지 넓게 퍼져 있으며, 여기에는 주거권과 공원·녹지에 대한 접근권이 포함된다. 주거권과 공원·녹지에 대한 접근권은 코로나-19 사태 아래에서 점점 더 중대한 문제가 되고 있다. 팬데믹으로 소득에 타격을 받아 퇴거당할 위기에 놓인 세입자와, 사람들을 만나고 운동할 공간을 잃은 빈곤한 지역 거주민 등은 신체와 정신 건강에 좋지 않은 영향을 받고 있다. 이는 현재 영국에 이미 존재하는 인종적·계급적 분열을 더욱 악화시킨다. 영국에서는 봉쇄 조치로 말미암아 정원이나 공원에 쉽게 갈 수 있는 가구와, 운동이나 여가를 즐길 공간도 없는 과밀한 셰어하우스나 작은 아파트에서 살아가는 가구 간의 불평등이 극명하게 조명된 바 있다.

영국에서는 근세 초기 젠트리 계층에 의한 인클로저 운동 이래 공공용지 사유화가 수 세기 동안 이어져 왔고, 특히 19세기 초 산업 자본주의가 시작되면서 급격히 진행되었다. 본래 '공유지(commons)'는 공공이 소유한 토지가 아니라 실제로는 대부분 왕실이 소유한 땅이었다. 하지만 전통적으로 지역 주민들이 먹을거리나 땔감, 목재를 채취하거나 아니면 거주나 노동에 필요한 공간을 마련하는 등 공적 용도에 개방된 땅이기도 했다. 지주들은 이 땅에 울타리를 쳐서 이를 바꿔놓았다. 일반 주민의 일상생활에 꼭 필요한 자원에 대한 접근이 가로막힌 것이다. 인클로저 운동이 영국에 얼마나 큰 변화를 가져왔는지는 여러 세대에 걸쳐 대중들이 이 운동에 강력하게 반대했다는 사실에서 찾아볼 수 있다. 대중은 집단적으로, 때때로 폭력적인 방식으로 인클로저 운동에 맞섰다. 그 과정에서 지역 공동체는 새로 세운 벽과 울타리를 허물려고 시도하는 한편, 개인적으로 밀렵이나 불법 침입 같은 불복종 행위를 통해 인클로저 운동에 맞서기도 했다.

최근에는 임대료 상한제 운동을 벌이거나 퇴거 조치에 반대하거나 비어 있는 부동산을 점거하는 방식으로 토지와 주거 접근권 사유화에 맞서는 풀뿌리 저항이 일어나고 있다. 또한 여러 지역에서 토지를 지주와 기업이 아닌 지역 주민의 통제 아래에 두는 조치가 시행되고 있을 뿐만 아니라 산업적 규모로 이루어지는 벌목이나 농업이나 에너지 추출이 환경에 끼치는 영향을 완화하는 데 주력하는 '지역 책임 관리 프로젝트(local stewardship project)'를 개발하고 있다. 2019년에 발간된 「다수를 위한 토지(Land for the Many)」라는 제목의 보고서는 여러 지역에서 벌어지고 있는 각종 운동을 소개하고 이를 바탕으로 영국 내 토지를 이용하고 관리하는 방식을 구조적으로 그리고 실질적으로 바꾸자는 제안을 담고 있다. 이런 변화에는 토지 소유권 정보를 자유롭고 공개적으로 이용하는 것과 토지를 개발할 때 민간 개발업체가 아니라 민주적 책임성을 갖춘 공적 조직이나 지역 공동체가 주도하도록 하는 계획이 포함되며, 이는 아래에서 살펴볼 공동체 토지 신탁의 설립을 통해 어느 정도 실행할 수 있다.

주택 문제

영국에서 양질의 주택 보급과 주거비 부담은 단 하나의 '특효약'이 없는 복잡한 문제다. 보수당 정부에는 주택 가격을 유지하려는 강력한 유인이 있다. 이는 보수당 투표층이 나이 든 주택 소유자에 집중되어 있고, 경제가 점점 더 주택 가격 상승이 만들어 낸 자산 효과(wealth effect)에 의존하고 있는 데다가, 많은 하원의원 본인이 여러 개의 부동산을 보유한 건물주이자 지주이기 때문이다. 2008년의 금융 위기와 그에 이은 자산 가치 하락에도 지난 10년간 주택 가격은, 특히 잉글랜드 남부 지역에서 실질적으로 상승했다. 정부의 주택 구매 지원 제도, 낮은 금리, 수량이 한정된 공영 주택 등이 주택 가격 상승의 주된 이유이며, 영국 부동산이 전 세계 각국의 부유한 투자자를 위한 안전 자산이 되었다는 점도 주요 원인 중 하나다. 주택과 부동산의 세대 간 이전은 불평등을 지속하는 가장 큰 주범으로 떠오르고 있다. 2020년에 보수당 정부는 민간 지주와 개발업자 들에게 잉글랜드의 전역에 대한 전면적인 건축 허가를 내주자고 제안했는데, 이 제안은 앞에서 살펴본 문제들을 더욱 악화시킬 가능성이 크다.

주택 위기는 불로소득 자본(rentier capital)이 산업 자본을 대체하면서 수년간 쌓여 온 탓에 빠르고 쉽게 해결될 문제가 아니다. 실제로 이 위기는 한쪽이 이득을 보면 다른 쪽이 그만큼 손해를 보는 일종의 제로섬 게임 같은 것이 되었다. 만약 주택 가격이 내려가면 기존의 주택 보유자는 손해를 본다. 이런 주택 보유자 대다수는 주택을 담보로 대출을 받았거나 연금 대신에 주택을 투자 수단으로 이용해 온 사람들이다. 한편 임금 수준과 주택 가격의 차이가 터무니없이 벌어져 있다는 사실은 청년층을 비롯한 많은 이들이 임대료의 덫에 빠져 있다는 뜻이기도 하다. 이들은 저축으로 돈을 모으지도 못하고, 그렇다고 담보 대출을 이용할 수 있을 만큼 충분히 안정적인 일자리를 가지고 있지도 않아 주거 사다리에 올라타지 못한다. 주택의 크기는 점점 작아지고 있고 수많은 낡은 부동산은 작게 쪼개어 임대되고 있다. '임대 주택 세대(Generation Rent)'나 '프레카리아트(precariat)'* 같은 용어는 저임금, 불안정한 일자리, 비싸고 불안한 주거 환경, 엄청난 액수의 부채 등 청년층이 처한 문제를 잘 드러내며, 이 문제들은 서로 맞물려 악순환을 거듭하고 있다.

뉴엄자치구의 사례

주택 시장 문제는 전국적인 수준, 나아가 국제적인 수준의 문제여서 지역 주민들이 여기에 아무런 영향도 가할 수 없다고 여길 수 있지만, 사실 이 문제는 지역 의회의 조치로 변화를 불러올 수 있는 분야이기도 하다. 최근 공동체 자산 구축 원칙이 몇몇 주택 시장 문제에 대처할 잠재력이 있다는 사실이 런던의 뉴엄자치구에서 분명하게 드러났다.

런던 동부에 위치한 뉴엄자치구는 영국 전체에서 가장 다양한 인구로 이루어져 있다. 자치구 주민의 72.5퍼센트가 흑인·아시아인·소수민족(BAME)에 해당하며 100개 이상의 언어가 사용된다. 이곳 역시 불안정한 고용과 정체된 임금, 적정 주택의 부족 등 다른 지역이 마주했던 문제와 별다르지 않은 문제에 부딪혔다. 뉴엄 주민들은 자치구의 모습을 뒤바꿔 놓고 있는 급격한 주택 고급화가 특히 문제이

---

*   '불안정한'이라는 뜻의 이탈리아어 '프레카리오(precario)'와 노동자를 뜻하는 '프롤레타리아트(proletariat)'를 합쳐 만든 신조어.

며 이 때문에 인종 간에 그리고 계급 간에 존재하는 기존의 불평등이 더 심해지리라는 사실을 인식하고 있었다. 런던의 다국적 대기업이 뉴엄 같은 지역에 일자리를 만들어 내더라도 기존 지역 주민이 이런 일자리를 얻기란 거의 불가능하다. 새로 유입된 노동자로 인해 지역의 임차료와 주택 가격이 오르고, 원래 있던 노동자들의 임금이 그 속도를 따라잡지 못하면 결국 기존의 주민은 쫓겨나는 신세가 된다. 더불어 이 지역의 새로운 주민들에게 서비스를 제공하면서 발전한 소매와 여가 부문도 기존의 지역민들에겐 너무 비싸거나 이용할 수 없는 경우가 빈번하다.[11]

뉴엄이 안고 있는 여러 문제는 지난 10년간 전국 어디에서나 동일하게 진행된 중앙 정부의 지출 삭감으로 더욱 악화했다. 실제로 뉴엄자치구 의회의 예산은 2010년 이래 50퍼센트 하락했고, 이 때문에 자치구 의회는 같은 기간에 2억 파운드(약 3156억 원)를 절감해야만 했다. 뉴엄에서는 이에 대응해 주민들의 삶의 질을 보호하고 개선하기 위해 마련된 기존의 법을 잘 집행하는 동시에 이를 뒷받침할 다양한 공동체 자산 구축 계획을 시행했다. 뉴엄의 자치구의회는 주택 고급화에 집중했던 종전의 도시 재생 모델을 계속 붙들고 있기보다는 사회 정의가 진보적 지방자치단체의 핵심이라고 보았고, 지역 서비스와 주택을 두고 지역 주민들이 표출하는 우려를 우선시하는 전략을 택했다.

뉴엄의 경우 주택의 50퍼센트가 민간 부문 소유이다. 세입자들은

2012년에서 2019년 사이에 집세가 56퍼센트가량 상승하는 사태를 목격했고, 이러한 높은 임대료는 자치구 주민의 약 50퍼센트가 빈곤 상태로 살고 있는 가장 큰 원인이었다. 뉴엄에서는 주거 가능 시설이 기준에 부합하는지를 확인하기 위해 현행법을 이용했다. 자치구의회 는 세입자를 보호하기 위해 마련된 법을 집행하겠다고 약속했고, 그 결과 이 자치구에서 건물주를 고발한 건수는 런던 전체에서 발생한 건물주 고발 건수의 57퍼센트를 차지했다. 총 1306건의 고발이 이루어져 건물주 28명의 임대 사업이 금지되었다. 또한 자치구의회는 연료 빈곤 문제를 해소하기 위해서 민간 건물주가 소유한 부동산이 현행 에너지 효율성 기준을 충족하는지 확인하는 데 집중하고 있다.

2019년 뉴엄자치구는 2033년까지 4만 3000가구, 그중 2022년 까지 최소 1000호 이상의 신규 시영 주택 건설을 위해 광역 런던시 (GLA, Greater London Authority)로부터 1억 700만 파운드(약 1689억 원)를 지원받았다. 현재 뉴엄 자치구의회는 종전에 사회주택이었던 집을 다시 사들이고 강제 매입 명령으로 비어 있는 부동산을 매입하는 방식으로 자치구 내 주택을 다시 사회화하는 데 주력하고 있다. 구의회에서는 사회주택을 증대시킨 결과가 지역 공동체 전체에 폭넓은 혜택을 가져다줄 것으로 보고 있다. 자치구의회가 주택을 소유하면 낮은 임차료로 임대할 수 있고, 이는 주민들의 가처분 소득을 늘려 지역 경제 순환에 도움이 된다. 또한 눈으로 확인할 수는 없지만 금융 문제로 인한 스트레스가 줄고, 일과 삶의 균형을 개선하고, 삶의 질이 높아지는 효과도 낳는다.

　뉴엄은 런던에서 가장 크고 가장 빠르게 확장 중인 자치구 가운데 한 곳이며, 이는 얼마간의 자금 확보와 투자가 가능하다는 사실을 뜻한다. 따라서 자산 집중이 힘든 잉글랜드 남부 지역의 몇몇 자치구에서는 이 방법을 택하기 어려울 수도 있다. 뉴엄이 주택 수요와 인구 증가에 대처하는 여러 방식 가운데 중요한 한 가지 요소를 꼽자면 공동체 토지 신탁(Community Land Trust)을 활용했다는 점이다. 뉴엄에서는 포괄적인 주민 연합체인 '피치(PEACH, Peoples' Empowerment Alliance for Custom House)'와 전국적 단위의 계획인 '빅 로컬(Big Local)'* 을 통해 공동체 토지 신탁이 이루어졌다.

공동체 토지 신탁이란 무엇인가

　공동체 토지 신탁은 지역 공동체가 주도하는 주택 공급의 여러 방식 가운데 한 가지에 지나지 않지만, 토지를 어떻게 이용할 것인지, 어디에 있는 토지를 누구를 위해 사용할지, 주택을 어떻게 공급할지 등 중요 결정에 지역 공동체가 관여한다는 원칙을 공유한다. 공동체

---

*　영국의 국민복권공동체기금(National Lottery Community Fund) 산하의 독립 자선 단체인 로컬 트러스트(Local Trust)가 영국 전역의 150개 근린 공동체를 대상으로 후원하는 지역 재생 및 개선 프로젝트.

토지 신탁을 이용하면 공동체 집단이 장기간에 걸쳐 주택을 소유하고 관리하고 운영할 수 있으며, 지역과 공동체 집단이 얻을 혜택이 법으로 정의되어 보호된다.

공동체 토지 신탁은 지역에 필요한 주택을 공급하는 것을 넘어 지역 주점을 관리하고 협동조합 빵집을 여는 일에서부터 지역 에너지 발전과 지역 농업 계획에 이르기까지 여러 다양한 프로젝트에 활용될 수 있다. 사례로는 널리 알려진 리버풀의 톡스테스 지역의 그랜비 거리를 들 수 있다. 이곳 주민들은 공동체 토지 신탁을 세워 오랜 기간 사용하지 않고 방치된 열한 채의 건물을 리버풀 시의회로부터 구매해 저렴하게 임대하거나 판매할 수 있도록 했고, 이곳에서 지역 거리 시장을 열고 실내 정원을 만들기도 했다.

공동체 토지 신탁 만드는 법

공동체 토지 신탁을 설립하려면 몇 가지 기본 요건이 있다. 첫째, 주택 공급을 목적으로 하든 공동체 중심의 다른 형태의 소유를 위해서든 아니면 공동체 중심의 서비스 제공을 위해서든 간에 일단 하나의 집단을 꾸려야 한다. 이런 집단은 공동체 내에 이미 존재하는 작은 단체 여럿을 하나로 묶은 것이어도 무방하다. 이 집단의 활동을 조정하고 조직하기 위해서 운영 위원회를 두어야 하며, 운영 위원회는 공동체 토지 신탁 실행 계획의 토대를 세울 수 있다. 초기 단계에 공동체 토지 신탁 관련 단체에 연락해 구상한 계획의 실행 가능성을 논의하면 좋다.

이후 공청회와 정기 회의를 열어 가능한 한 많은 지역 주민이 참여하도록 한다. 공청회 등의 회의에서는 금융 및 법률 관련 문제, 미디어 전략, 지역민의 지지를 이끌어 낼 방안 등을 논의한다. 공동체 토지 신탁은 궁극적으로 공동체에 직접적인 책임을 지며, 공동체 구성원이라면 누구나 가입하여 지지 의사나 반대 의사를 표명할 수 있어야 한다. 투명성과 접근성이 무엇보다 중요하다.

공동체 자산 이전

2010년 구성된 연립정부가 추진했던 정책 중 지역 공동체 권한 강화라는 관점에서 중요하면서 유의미한 것으로 밝혀진 것이 하나 있는데, 바로 2011년 제정된 「지방분권법(Localism Act)」이다. 이 법에 따라 공익 신탁과 자원봉사단체 등이 지역 의회가 제공하는 서비스의 실행에 지원할 수 있게 되었다. 또한 이 법에는 '공동체 가치 자산(Asset of Community Value)'에 관한 내용이 담겨 있다. 공동체 가치 자산이란 개인이 소유하고 있으나 공동체에 중요한 역할을 하는 상점, 주점, 놀이터 등의 자산을 말한다. 법에는 특정 부동산을 공동체 가치 자산으로 지정하는 조건이 정리되어 있고, 이 법을 통해 해당 자산이 매각될 때 지역 공동체가 더 쉽게 입찰에 참여하고 양도받을 수 있도록 했다.

뉴엄자치구가 주택 공급을 개선하기 위해 현행법을 활용한 사례처럼 기존의 방안으로 지역 수준에서 더 큰 소유와 참여의 기회를 창출할 수 있다면 완전히 새로운 정책이나 관행을 만들 필요는 없다. 이를 보여 주는 한 가지 사례로 헵튼브리지 지역의 공동체 협의회가 그곳의 타운홀을 공동체 소유로 바꿔 놓은 걸 들 수 있다. 헵튼브리지는 웨스트요크셔주의 작은 도시로, 상당히 진보적이고 포용적인 지역색으로 널리 알려져 있다. 이 지역의 공동체 협의회는 지역 공동체가 타운홀을 통제·관리할 때 얻게 될 이점을 다음과 같이 제시했다.

1. 320만 파운드(약 50억 원) 이상의 자금을 확보할 수 있다
2. 건물의 구조를 즉각적으로 개선할 수 있다
3. 이 건물에서 결혼식과 시민 파트너십 행사를 진행할 수 있다
4. 공동체의 다양한 단체가 사용하는 시설로 만들 수 있다
5. 지역 주민의 자발적인 시간과 노력을 활용해 운영할 수 있다
6. 지역 공급업자를 활용하여 지역 경제에 보탬이 된다
7. 건물에서 배출되는 쓰레기를 재활용할 수 있다
8. 에너지 사용 절감 목표를 달성할 수 있다
9. 새 건물 설계에 지역 아동을 참여시킬 수 있다
10. 현재 건설 중인 공동체를 위한 시설과 시너지 효과를 낼 수

있다[12]

    하지만 지역 공동체 중앙에 자리한 곳은 물론이고 그 밖의 건물이나 토지에 잠재적 혹은 실제적인 사회적 가치가 있더라도 재정적 측면에서 독자적으로 유지되기 힘든 경우가 많다. 그런 이유로 소유자가 매각한 것이기도 하다. 이 경우에는 공동체가 자산을 이전받은 뒤이를 관리하는 데 자원봉사자에게 의존하는 일이 빈번하다. 자원봉사자들은 시간적 여유가 있는 사람들로, 자기 지역에 이런저런 이해관계가 있거나 지역에 개인적 배경을 두고 있는 사람일 가능성이 크다. 또 자산을 관리하는 이사회나 위원회가 은퇴한 전문가들 손에 좌지우지될 수도 있다. 비영리 부문 활동 이력이나 지역 정치 경력이 있는 이들은 새로운 기회를 제공하는 일보다는 해당 지역의 특징, 즉 '지역색'을 유지하는 데 더 큰 열정을 보이는 경향이 있다. 헵든브리지 타운홀의 사례에서는, 공동체 협의회와 지방의회 모두가 이 사실을 아주 명확하게 인식하고 있었다. 즉 이들은 자산 하나를 넘겨주는 것이지 책임을 넘기는 것이 아니었다. 따라서 이 건물이 보조금이나 장려금에 의존하지 않고도 자립할 수 있을지를 명확히 보여 줄 수 있는 사업 계획을 작성할 필요가 있었다.

중심가를 살리는 방법

퇴락해 버린 중심가와 도심지는 제조업이 쇠퇴한 여러 지역에서 발견되는 주요 문제 중 하나다. 흔히 높은 임대료를 감당하지 못한 대기업이 떠난 뒤 긴축으로 허덕이는 지방자치단체가 방치하는 경우가 많다. 기초경제연구소(Foundational Economy)에서 수행한 여러 연구에 따르면, 정책 결정자가 경제적인 것과 사회적인 것으로 구분한 것이 지역 공동체의 시각으로 보면 엄격하게 나뉘지 않는 경우가 비일비재하다고 한다. 지역 주민들은 중심가를 카페, 도서관, 커뮤니티 센터, 청소년 센터, 공원 등과 같은 다른 사람을 만나고 대화하고 교제하는 '사회적 기반 시설'의 일부로 여긴다.[13]

봉쇄 조치로 필수적이지 않은 상점이나 사업체가 강제로 문을 닫은 탓에 온라인 쇼핑과 배달 서비스 이용이 증가했다. 이는 이미 심각한 지경에 이르렀던 지역 경제 상황을 더욱 악화시켰다. 특히 택배 및 배달 서비스의 경우 막대한 자본과 고객이 소규모 지역 사업체에서 아마존 같은 대형 온라인 기업 및 딜리버루 같은 긱 경제 플랫폼으로 옮겨 갔다. 이런 대기업과 플랫폼 기업은 고객에게 별다른 책임을 지지도 않고, 노동자들의 급여나 노동 조건에 크게 신경 쓰지도 않는 일이 빈번하며, 조세 협정으로 인해 이들이 벌어들인 소득이 지역 경제는 물론 심지어 국가 경제 내에서 재순환하지도 않는다.

이에 대한 한 가지 대응책은 중심가의 원래 목적이 무엇인지 다시 상상해 보는 것이다. 중심가를 그저 돈을 쓰는 장소로 볼 것이 아니라 공적 공간으로 바라보고, 사람들이 서로 만나고 교제하고 어우러지는 공간이 되도록 해야 한다. 공동체 자산을 이전하고, 상업용 부동산의 소유권을 공공이나 공동체에 부여하겠다고 약속하고, 지역 내 소규모 기업체를 대상으로 임대료와 재산세를 감면하는 일은 지역 경제에 활력을 불어넣을 것이다. 일부 지방 정부에서는 자체 투자를 활용해 지역 개발 및 개선 사업을 시행하기도 한다. 예컨대 프레스턴에서는 전통 시장과 버스 터미널 재생 사업을 진행하면서 시 소유의 대형 영화관 및 여가 시설 건설 계획에 투자했다. 신경제재단(New Economics Foundation)을 비롯한 여러 기관은 불안정하고 원자화된 노동에 종사하는 이들을 위한 상담 센터와 돌봄을 제공할 장소가 필요하며, 기존의 중심가에 이런 공간을 포함시켜 '시민을 위한 중심가'로 재정립할 것을 제안하고 있다.[14]

지속 가능한 미래들

유토피아에 관한 이야기에 한 가지 일관된 흐름은 '토지로의 귀환(returning to the land)'에 초점을 맞춰 왔다는 것이다. 한 예로 19세기 초 차티스트 운동은, 모든 사람에게 소규모 농지를 할당하는 토지 소유권 개혁 계획을 구상하기도 했다. 이 토지 개혁 계획은 1세대 도시 거주 노동자와 그다음 세대 도시 거주 노동자 들이 아무 문제 없이 자기 조상들이 소작농으로 살던 시절로 돌아갈 수 있으리라 가정했다. 마치 그런 기술과 생활 방식이 개인이나 사회 모두에 내재된(그리고 바람직한) 것인 양 여기면서 말이다. 인류의 자연스러운 상태가 본래부터 농경적이라는 생각과 토지의 책임 있는 관리와 환경의 지속 가능성을 추구하는 이상적인 토지 개혁 정책은 토지를 토대로 하는 산업 자본주의와 역사적으로 긴장 관계에 놓일 수밖에 없었다. 오늘날에도 마찬가지지만, 사회 전체를 바꾸지 않은 채 노동을 신성시하고 임금 노동을 중심으로 구조화된 사회에서 '빠져나오는' 일은 그런 생활 방식을 유지할 수 있는 물질적 특권을 가진 이들에게나 가능한 일이다.

　최근 여러 지역에서 공동체 주도의 재생 에너지 개발과 공동체의 토지 책임 관리에 중점을 두고 있으며, 이를 통해 실업과 기후 위기 모두에 대처하려 노력하고 있다. 이는 원형 사회주의자(proto-socialist)들이 내세운 비전에 환경적 지속 가능성과 재생 에너지 활용 계획을 더함으로써 일자리를 중시하는 정치 전략과 환경을 우선하는 정치 전략 간의 역사적 갈등을 해결하고, 시골 지역과 도시 지역을 문화와 물질적 이해관계 측면에서 본질적으로 대립하게끔 하는 더 광범위한 갈등도 해결할 수 있음을 의미한다.

웨일스 밸리 지역의 사례

　철강과 석탄 산업에서부터 1965년 리버풀과 위럴에 산업용수를 공급하기 위해 카펠 셀린 마을을 수몰한 일까지, 웨일스에서는 아무 경각심 없이 자연을 착취하곤 했다. 그런 와중에 웨일스 브레콘 비콘스에 자리 잡은 지역 공익 회사인 그린 밸리스(Green Valleys)는 기초 경제 도전 기금에서 9만 5000파운드(약 1억 5000만 원)를 지원받아 웨일스 밸리 지역에서 삼림과 식량 생산에 쓰일 대규모의 토지를 공동체 소유로 이전할 수 있을지 검토했다. 이를 검토한 그린 밸리스의 중역 크리스 블레이크(Chris Blake)는 수력 발전으로 공동체에 전기를 제공하는 프로젝트를 비롯해 지역 공동체 소유의 에너지 기업을 구상했다.

영국 전역에서 재생 에너지에 관해 관심이 높아지면서 실제 실행 사례도 늘었다. 지역 연합체 트랜지션 팰머스(Transition Falmouth)는 생산부터 운송까지 식품을 만드는 전 과정에서 환경에 끼치는 영향을 줄이는 방법을 연구하며, 반즐리 메트로폴리탄 자치구의회(Barnsley Metropolitan Borough Council)가 세운 에너자이즈 반즐리(Energise Barnsley)는 공동체 소유 재생 에너지와 난방 프로젝트를 수행한다. 현재 웨일스에서는 전력의 약 18퍼센트가 풍력과 태양력을 주축으로 하는 재생 에너지원에서 생산된다. 흐르는 물의 힘을 이용해 터빈을 돌려 전기를 생산하는 수력 발전은 이런 재생 발전 용량 중에서 고작 4퍼센트만을 차지하지만, 300개 이상의 지역 프로젝트에서 지역 가정에 전기를 공급하는 에너지원으로 탄탄히 자리 잡고 있다. 이런 계획은 웨일스 정부와 복권 기금의 보조금 등 각종 재정 지원을 받고 있으며 웨일스 환경청(Natural Resources Wales)의 도움을 받아 운영되고 있다.[15]

공동체가 운영하는 에너지 프로젝트로 기후 위기를 대처할 수 있고 지속 가능한 지역의 부를 생산할 수 있다는 주장은 이상적이라고 여겨질 수 있다. 하지만 이너헤브리디스 제도의 에이그섬 지역 공동체와 같은 기존의 사례에 주목할 필요가 있다. 1997년, 지역 의회와 스코틀랜드 야생동물재단이 협력해 에이그섬 헤리티지 재단(Isle of Eigg

Heritage Trust)을 설립했다. 재단에서는 섬의 땅을 소유하고 있지만 그곳에 거주하지 않는 지주에게서 땅을 사들였고 이후 160만 파운드 (약 25억 원)의 자금을 확보해 지역 공동체가 소유하고 관리하는 에이그 전력회사(Eigg Electric)를 세웠다. 1997년부터 태양광 발전 패널과 수력 발전기와 풍력 발전기를 설치한 결과, 현재 이 섬에서 사용하는 전력의 95퍼센트를 공동체 소유의 재생 에너지로 공급받고 있으며 더 이상 본토에서 들여오는 화석 연료에 의존하지 않게 되었다.[16]

그린 밸리스에서 구상 중인 스카이라인(Skyline) 프로젝트 역시 좋은 사례다. 이 프로젝트는 수력 발전, 작물 재배, 목재 가공, 관광 산업 등을 통해 그 지역 토지에서 발생하는 경제적 이익을 지역 공동체에 '되돌려 보내는' 것을 목표로 내세우고 있다. 광업의 쇠퇴로 갱도 버팀목을 생산하던 대규모 삼림 산업이 끝을 맞이한 이후 웨일스에서 숲을 다시 조성하는 문제는, 지역 목재를 사용해 양질의 제품을 만드는 제재소를 포함한 스코틀랜드의 계획보다 주목을 받지 못했다. 한편 아일랜드에서는 소규모 가족 농가를 중심으로 작은 숲을 가꾸도록 했고, 여기에서 주목할 만한 성공을 거두고 있다. 웨일스 정부의 투자 보조금이 스코틀랜드나 아일랜드보다 넉넉하지는 않다. 하지만 새로운 임업 아이디어를 수행하기 위해 보조금보다 중요한 건 농부들에게서 지지(buy-in)를 얻는 일이다.

조언은 더 적게, 실행은 더 많이

2019년에 수행된 스카이라인 프로젝트의 타당성 조사에는 트레허버트, 케어라우, 이니소웬 등 세 지역의 공동체가 참여했다. 이들 공동체가 선택된 이유는 각 지역에 공공 소유의 토지가 있고 지역 공동체 조직이 자발적으로 타당성 조사에 참여하겠다는 의사를 밝혔기 때문이었다. 종합 박탈 지수(Index of Multiple Deprivation)의 중앙값을 밑도는 인구가 많고, 높은 인구 밀도와 낮은 기대수명 등 이들 지역이 처한 문제는 웨일스의 밸리 지방 내 여타 지역들이 처한 현실을 잘 드러낸다.

이들 공동체는 사회적으로 파편화되어 있고, 이 때문에 사람들의 참여를 끌어내는 데 어려움을 겪고 있다. 노동 연령대에 속한 사람들의 참여를 이끌어 내는 건 그보다 어린 연령층이나 은퇴자에 비해 특히나 힘들었다. 이 연구가 그들의 미래에 관한 것이 아니라 일자리나 사업 기회 같은 현재에 관한 내용이었다면 사람들의 참여를 끌어내기가 훨씬 더 쉬웠을 것이라는 주장에는 일리가 있었다. 조사에 참여한 한 단체는 지역 커뮤니티 센터에서, 길거리에서, 재향군인회 회관에서 이니소웬 주민들과 대화를 나누고 나서 이 마을에 관해 이렇게 보고했다.

(이 마을이) 미래를 꿈꾸고 상상하며 그런 미래가 이루어지리라는

프레스턴, 더 나은 경제를 상상하다

확신을 얻으려면 더 많은 시간과 더 많은 기회가 필요하다. 현재 사람들에게 스카이라인 프로젝트는 추상적이고 자기들과 무관한 것이라고 생각되는 듯하다. (…) 추측건대 이니소웬에 필요한 것은 조언이 아니라 '일단 해 보고 나서 어찌 될지 지켜보자'라는 태도일지도 모르겠다. 뭔가를 하면 에너지와 상상력과 자신감과 관계가 만들어진다. (…) 청년들은 기성세대가 자기들의 목소리를 들어 주지 않고, 자기들의 요구를 충족해 주지도 못하며, 시끄럽다고 비난만 한다고 생각한다. 사실 청년들은 그 나이 또래들이 할 만한 일을 하고 있는데 말이다. 이들은 시간을 보내며 즐길 수 있는, 그리고 뭔가 할 일을 찾을 수 있는 시설을 절실히 원하고 있다.

'위원회 사람들'을 넘어

웨일스에는 토지 책임 관리의 예시가 되는 여러 사례가 현존하고 있다. 1994년부터 펨브룩셔 지역의 80에이커(약 32만 3748제곱미터) 넓이의 한 농장에서 필요한 물자와 식량을 자급자족하며 살아가는 브리디어 모어(Brithdir Mawr) 협동조합 공동체를 예로 들 수 있다. 2002년에 이 공동체는 부동산을 민주적으로 통제하겠다는 목적으로 주택 협동조합을 세웠고, 조합원들은 매주 모여 주택과 토지를 어떻게 관리할지 논의한다.

스카이라인 프로젝트의 책임자 크리스 블레이크는 스코틀랜드 노이다트 지역의 공동체가 인수한 펍과 스코틀랜드 킬피넌 지역 공동체가 소유한 숲과 농장을 방문하며 영감을 얻었다고 한다. 그에겐 이 두 프로젝트 모두 웨일스에서 유사한 프로젝트가 성공할 가능성을 시사하는 것처럼 느껴졌다. 스카이라인 타당성 조사에 함께한 세 공동체 역시 당초 독자적인 프로젝트 시행에 회의적이었으나, 스코틀랜드를 방문해 이미 자리 잡은 다른 프로젝트를 살펴보며 의심을 떨쳐 내게 되었다.

추상적인 아이디어가 실제적인 뭔가로 바뀌었다. '그들이 그렇게 할 수 있다면, 우리도 할 수 있다'라는 생각이 든 것이다.

이것이 바로 종전의 지역 회생 모델에 빠져 있던 것이다. '미래를 상상하고 꿈꾸는 것'을 조사한다고 표적 집단 조사나 상담 같은 일을 끊임없이 해 봐야 별 소용이 없다. 더더군다나 이런 꿈이 현실로 이뤄지는 일이 거듭 실패하고, 그 결과가 중대한 변화도 아닌 데다가 이런 변화를 달성하기 위해서 뭔가 행동을 취할 경로나 도구가 일반 주민의 손에 쥐어져 있지 않다면 말이다.

그린 밸리스는 더 광범위한 참여를 이끌어 내기 위해 기존의 여러 공동체 집단과 협력했다. 이를 통해 '위원회 사람들'을 넘어 지역 거주민에게 프로젝트에 관해 이야기했다는 점에서 성공적이었다. 그렇게 지역 내 단체, 환경주의자, 활동가와 협력하여 지역 공동체의 의견이 반영된 최종 사업 모델 목록을 작성했다. 여기에는 상업용 삼림 조성 및 목재 가공소 설치와 수력 발전 계획은 물론 글램핑장, 과수원, 산악용 바이크 트랙, 주말농장, 놀이터, 크리스마스트리용 농장 등 여가 시설 조성까지, 여가 분야와 산업 분야를 망라한다. 이 시설들은, 상업 시설로 벌어들인 돈으로 비상업적 시설을 운영하고 이곳에서 생산되는 식료품과 목재를 지역 공동체에 공급함으로써 지속 가능성 측면도 확보했다.

이 계획은 상업적 활동과 여가 활동을 하나로 엮어 주었고, 환경주의와 경제 목표가 통합될 수 있음을 보여 준다. 타당성 조사에 참여한 세 곳의 지역 공동체 역시 일자리 및 사업 기회 등 경제적 측면과 생태계 회복이라는 환경적 측면과 사회·문화적 편익 등 세 요소의 균형을 맞출 수 있었다. 또한 이 지역들의 기성세대는 미래 세대를 위해 새로운 풍경을 구상하는 지역 공동체의 시도를 흔쾌히 받아들이고 있다.

웨일스 출신의 사상가이자 작가였던 레이먼드 윌리엄스(Raymond Williams)는 말년에 웨일스를 지방 분권의 모범으로 여겼고, 지역에 대한 권한 이양을 통해서 지속 가능한 소규모 사회주의의 기틀을 놓을 전범(典範)으로 보았다. 윌리엄스가 1979년에 발표한 소설 『마노드를 위한 투쟁(The Fight for Manod)』은 공상 과학의 발랄함과 웨일스 고딕의 음울함이 뒤섞인 매력적인 작품으로, 인구가 감소한 사우스 웨일스 지역의 빈곤한 산등성이 농장들 사이에 도시를 세우는 이야기다. 이 새로운 유형의 도시를 통해 윌리엄스가 산업 기술과 농경 전통이 지역에서 통합되는 현상을 옹호하고 있음을 엿볼 수 있다. 마노드는 시골이면서 또 도시이기도 하다. 마노드는 통신 기술을 농업과 하나로 연결해서 그대로 두었다면 낡아 빠지고 말았을 이 공동체를 구원한다.

> 그래서 당신이 얻는 건 전체적으로 인구가 10만 명에서 12만 명인 도시, 작은 마을 여럿으로 이루어진 도시고 대부분이 촌락으로 이루어진 도시다. 시골에 자리 잡은 도시이고 (…) 처음부터 탈공업화라는 관점에서 구상된 도시다.[17]

예상대로 마노드는 더할 나위 없이 좋은 유토피아로 드러난다. 미래의 계획이 현재의 기업이 내보이는 탐욕과 현실정치(realpolitik)로 무너져 내려 결국 '런던과 브뤼셀*'이 갈라서는' 것으로 끝이 날 때까지는 말이다. 공동체 자산 구축이나 그린 뉴딜 같은 계획은 윌리엄스가 마노드를 통해 내보인 통합적이고 지속 가능한 지역 회생이라는 전망에 새로운 기회를 부여한다.

흔히 웨일스를 옛 산업 지대 정도로 특징짓곤 한다. 토지 책임 관리나 공동체 소유 재생 에너지 프로젝트는 공동체를 '도시'로 정의하는 것을 넘어서 '밸리 전역'에 포함된 더 큰 풍경과 자원을 고려하는

---

* 　유럽연합의 주요 기구들이 들어서 있어 '유럽의 수도'로 불리는 벨기에의 도시.

방향으로 나아간다. 이는 제조업이 쇠퇴한 곳은 버려지거나 아무 가치도 없는 것이라는 통념과 배치되며, 일자리와 환경 보호라는 두 마리 토끼를 모두 잡을 수 있도록 한다.

물론 이런 프로젝트는 야심 차고 장기적이다. 어떤 면에서는 눈앞의 작은 문제에 관심을 쏟는 기초 경제를 넘어 멀리 내다보는 일이기도 하지만, 다른 면에서는 기초 경제와 양립할 수도 있다. 종전의 모델이 실패하여 변화에 대한 회의론이 팽배한 지금, 스코틀랜드의 실행 사례를 보고 밸리 지역에서 변화에 대한 믿음을 키운 것처럼 현재 추진되고 있는 여러 계획이 성공을 거둔다면 다른 계획들도 활력을 얻을 것이다.

웨일스 밸리 지역 소도시 인근의 토지는 대부분 공유지이지만, 크리스 블레이크는 지역의 부를 지역 밖으로 유출하는 세계화된 산업을 위해서가 아니라 지역의 지속 가능성을 위해 토지를 활용하는 공동체 토지 이전이 웨일스 밸리 지역 같은 곳뿐만 아니라 영국의 시골 농촌 지역에서도 효과를 발휘할 수 있으리라 내다보았다. 웨일스 밸리 지역의 풍경은 그 나름대로 독특하지만, 랭커셔나 요크셔 계곡도 이와 비슷한 면이 있다. 가령 랭커셔와 요크셔 사이 콜더데일 같은 곳에서는 웨일스와 비슷한 계획을 추진할 수 있을 것이다.

다시 말하지만, 고정된 딱 하나의 모델은 없다. 어떤 계획이든 일단 해당 공동체의 필요와 자원에 맞춰 수정되어야 한다. 이를 통해 지역 토지에 새겨진 역사와 특성, 그리고 공동체 프로젝트를 관리하는 경험의 수준이 달라진다. 계획의 진행 과정은 각각의 상황에 맞춰 조정될 수 있을 만큼 충분히 유연해야 한다. 이 과정은 또한 앞서 살핀 공동체 토지 신탁을 이용해 더 작은 자산이나 토지로 나누어 시행할 수도 있다.

발생 가능한 문제들

공동체가 성공적으로 지역의 건물이나 토지 자산을 관리하는 데 방해가 되는 요인은 무엇일까? 크리스 블레이크는 공공 기관의 위험 회피 성향과 금융적 조치에 대한 편협한 시각, 지역 공동체의 부족한 전문 기술과 조직 등을 그 원인으로 꼽았다. 정부 조직의 급과 분야가 다르면 이들 사이에는 반드시 갈등이 일어난다. 정책 수준에서는 공동체 책임 관리가 '기초 경제'의 실현에 부합한다며 장려하지만, 이를 실제로 운용하는 기관에서는 마지못해 통제권을 넘기는 경우가 많다 보니 그렇게 장려한 효과가 상쇄되고 만다.

스카이라인 프로젝트에서는 전문가나 프로젝트 설계자가 일반 주민과 논의를 진행함으로써 프로젝트에 대한 신뢰와 확신을 구축하고, 폭넓은 참여를 이끌어 내 문제를 해결하려 했다. 이를 위해서는 삼림 관리, 성공적인 사업 모델, 생태계 토지 관련 법률 등 다방면의 전문가들을 하나로 모으는 것이 필수적이다. 하지만 이들의 전문 지식은 반드시 공동체의 계획과 전망에 복무해야지 이를 앞에서 이끄는 데 이용되어서는 안 된다.

공동체 토지 책임 관리가 공동체를 '보조금에 의존하는 문화'에서 탈피시키는 결과로 이어질지 여부는 토지에서 발생할 수 있는 소득뿐만 아니라 공동체의 포부에 달려 있다. 스코틀랜드에서는 공동체 조직이 세워진 초기 몇 년 동안 보조금 지원을 통해 프로젝트 관리에 들어가는 비용을 충당하는 일이 중요했다. 스코틀랜드의 사례를 볼 때, 특정한 목적의 보조금이 계속해서 수입원의 일부가 되어 특정한 혜택을 제공하게 되리라는 점은 분명하다. 웨일스에서는 (전형적으로 더 소규모인) 삼림지대 프로젝트가 추가적인 보조금 소득에 의존하고 있다.

스카이라인의 접근법은 장기적으로 지속 가능한 몇몇 소득 창출 활동이 존재한다는 가정에 근거한다. 소득을 발생시킬 수 있는 활동은 운영 비용에 보탬이 될 것이고, 혹여 소득을 발생시키지 못하더라도 지역 공동체에 사회적·문화적 혜택을 제공할 것이다.

토지 책임 관리 프로젝트 시작하기

토지 책임 관리 프로젝트를 시작하려면 무엇이 필요할까?

▸ 공동체의 관리하에 둘 수 있는 토지가 필요하다. 이 토지는 공

동체와 가까워야 하며, 소유자가 공동체의 토지 통제를 이해하고 이에 참여하려는 의지가 있어야 한다.

▸ 토지 책임 관리 프로젝트를 지원하는 기관과 조직의 참여에 필요한 자금도 있어야 한다. 예산 규모는 사업의 크기 및 복잡성에 달려 있다.

토지 책임 관리 프로젝트를 위해 공동체는 이용권, 배제권, 회수권(삼림지의 경우 추출권과 수확권) 등 토지 소유권과 관련된 '한 묶음의 권리'를 요구할 것이다. 이런 여러 권리는 자유 보유, 임차, 관리 계약이나 면허 등과 같은 방식으로 양도될 수 있다.

토지 책임 관리를 맡은 공동체 집단은 지역별로 나누어 작업을 시행할 수 있으며, 이 과정을 감독할 프로젝트 관리자를 둘 수 있다. 토지 소유자 측 대표자와 토지 관리자가 처음부터 함께 참여하는 것이 좋다. 해당 토지의 내력과 잠재력에 대한 이들의 지식은 현재 경관이 어떠하며 앞으로 어떻게 바뀔지 관리하는 문제로 생태학자들에게 조언을 받는 것만큼이나 필수적이다. 또한 기존 소유자의 권리, 임대차 계약, 제한 계약을 해석하고 새로운 공동체 조직을 창설하려면 법률 자문가가 필요하다. 지방자치단체와 보건당국, 소방서 등 공공 기관도 참여해야 하며, 사업 시행 경험이 있는 제3부문 조직도 필요하다.

이처럼 토지 책임 관리 프로젝트를 위해서는 공동체의 폭넓은 협력이 필요하다. 여기에는 시간과 노력이 들지만, 계획이 널리 받아

들여지려면 꼭 필요한 일이기도 하다. 광범위한 수준의 참여와 관여가 필요하다는 사실은 소유권과 통제권을 공동체 일반 주민에게 이전하는 일이, 그리고 상부의 통제가 아닌 공동체 스스로가 계획을 세우고 실현해 나가는 이 프로젝트가 얼마나 중대한 일인지를 고스란히 보여 준다.

지금까지 현재 영국 등지에서 확고히 자리를 잡았거나 형태를 잡아 가고 있는 다양한 지역시민주의적 계획을 살펴보았다. 이런 계획이 지역 사회 변화를 위해 활동하는 이들에게 영감을 주기를 바란다.

프레스턴에서 일어난 변화는 몬드라곤의 경제 민주주의, 바르셀로나의 지방자치 사회주의, 볼로냐의 노동자 소유 사업체 지원 계획, 클리블랜드, 뉴욕, 미시간주 잭슨, 샌프란시스코에서 실행 중인 노동자 소유권 운동과 공공 은행 실험 등 영국 바깥의 움직임에서 그 영감을 얻었고, 또 그런 움직임과 협력했다. 하지만 프레스턴 모델은 특수한 지역 여건을 반영해 개발되었다. 시의회를 중심으로 지역 내부의 순환을 위한 새로운 조달 시스템을 구축한 '프레스턴 모델'이 다른 지역 공동체에서 활용할 수 있는 유일한 전략은 아니다. 다른 지역에서는 그 지역만의 독자적인 계획을 개발할 필요가 있다. 공동체 자산 구축 전략은 지역 환경에 맞춰 변경할 수 있는 적응성과 탄력성이 있는 모델이다. 프레스턴뿐만 아니라 스코틀랜드 노스에어서부터 런던의 뉴엄자치구에 이르기까지, 서로 다른 여러 공동체의 다양한 대안적 전략이 보여 주었듯, '보편 적용 가능한 지역시민주의'는 결코 불가능한 것이 아니다.

지역 수준에서 중대한 물질적 변화를 일으키는 일은 매우 어려워 보인다. 심지어 유토피아적이라고 여겨질지도 모르겠다. 하지만 최근 들어 우리는 민주적 지역시민주의와 공동체 자산 구축의 이념이 다양한 곳에서 다양한 방식으로 실제로 적용되는 모습을 지켜봤다. 의지만 있다면 어디서든 지역시민주의를 포용할 수 있다.

이런 아이디어와 전략이 너무 급진적이라고 생각할 사람이 있으리라 본다. 반면에 이런 아이디어와 전략이 충분히 급진적이지 않다고 여기는 사람도 있을 것이다. 실제로 프레스턴이나 그 밖의 다른 지역에서 시도한 일의 대부분은 그저 상식선에 머무는 것들이다. 지난 40년간 이어져 온 제조업 쇠퇴와 긴축과 방치가 낳은 모든 사회적·경제적·정치적 폐해를 일거에 쓸어 버릴 단 하나의 만병통치약이 있다고 말하지는 않겠다. 하지만 이 책에서 개략적으로 살펴본 여러 계획이 그런 폐해를 해결할 수 있다는 건 분명하다.

이 책에서 살펴본 사례들만이 따라야 하는 유일무이한 길이라거나, 이 전략들이 대중의 권한을 강화하고 정치적 영향력과 부와 자원을 재분배하는 더 폭넓은 전략에서 떨어진 채 홀로 수행될 수 있는 것이라고 주장하려는 게 아니다. 다만 우리는 대안이 절실하게 필요한 지금, 영국을 비롯한 여러 지역에서 시행 중인 여러 전략과 활동을 보여주고, 책 속의 전략을 대안으로 삼아 볼 것을 제안한다.

공동체 부의 구축(CWB, Community Wealth-Building)을 통한 민주적 지역 순환 경제

양준호(인천대학교 경제학과 교수)*

1. 들어가며

대세(Common Trend)로서의 '민주적 지역 경제', '지역 순환 경제'

주지하다시피, 글로벌 경제가 대두되고 심화함에 따라 어느 나라에 서건 전국 규모 또는 글로벌 규모의 대기업 경제가 지방 도시 경제를 장악하고 있다. 이러한 구조적 틀에서 중요한 것은, 지역 경제에서의 독점적 위치를 점하고 있는 대기업 또는 초국적 기업의 사업 수익이 해당 지역으로 재투자(환원)되고 있지 않다는 점이다. 우리나라도 마 찬가지지만 영국의 지방 도시에서도 점포, 금융 기관, 서비스 경제 영 역에서 원래부터 지역에 착근된 형태로 사업 활동을 해 온 향토 중소

* junho@inu.ac.kr, 인천대학교 후기산업사회연구소 소장.

기업들이 지역에 진출해 들어온 독점적인 대기업과의 경쟁에서 고전을 면치 못하는 상황이 지속되고 있다. 그리하여 지역 안에서 돌고 돌아야 할 상당액의 돈이 지역 밖으로 유출되어 버리고 있는 것이 국내외 도시 또는 지역에서 나타나는 공통적인 문제다. 즉 심각한 역외 유출이 지역 경제 피폐화의 가장 중요한 원인으로 작용하고 있다는 것이다. 따라서 지역에서 창출된 소득, 수익을 해당 지역의 소비, 투자 조달, 생산 등으로 환원시켜냄으로써 지역의 경제 진흥을 촉진하는 것이 매우 절실한 과제인데, 우리나라의 경우 서울을 제외한 비서울권 지역은 공통적으로 '역외 유출' 문제에 직면해 있어, 최근 지역 순환 경제에 관한 담론이 서서히 제기되고 있다.*

그런데 영국 랭커셔주의 프레스턴 및 미국 오하이오주 클리블랜드의 경우, 이와 같은 문제의식을 토대로 지역 순환 경제를 구축한 성공 사례로 손꼽히고 있다. 이 글에서는 프레스턴 사례에 초점을 맞춰 그 배경과 대응에 관해 논의해 보고자 한다.

---

*　인천대학교 후기산업사회연구소가 정기적으로 발행하고 있는 『후기산업사회연구』 창간호(제1호, 2022년 2월 발행)는 이와 같은 문제의식을 바탕으로 '지역 순환 경제'를 집중적으로 다루고 있으며, 양준호 외(2022) 『시민이 주도하는 지역순환경제: 위기의 지역경제, 그 새판 짜기』(한울아카데미) 역시, 우리나라 지역 경제가 처한 위기 상황을 돌파할 수 있는 유력한 방법 중 하나로서의 '지역 순환 경제'에 초점을 맞추고 있다.

2. 민주적 지역 경제, 지역 순환 경제의 모범 사례 도시, 프레스턴

프레스턴의 경제 위기

프레스턴은 영국 북서부 랭커셔에 있는 오래된 도시이며, 상위 지자체인 랭커셔주(Lancashire County)의 주도이다. 인구 14만 명 정도의 소규모로, 2002년에 시로 승격되었다. 과거 번영했던 프레스턴은 산업 공동화 이후 그 지역 경제가 피폐화되기 시작하였다. 프레스턴은 산업 혁명기에는 면공업을 중심으로 해서 크게 발전했던 지역이며, 그 이후에도 전기 및 엔지니어링, 조선 등의 제조업으로 꽤 번영했지만, 1970년대부터 영국 전역으로 확대된 제조업 쇠퇴 경향에 의해 지역 경제가 급격히 후퇴하기 시작했다. 또 1980년대 초반에는 지역의 실업자가 급격히 증대하면서 지역 경제는 피폐화 기조로 추락하기 시작했다. 즉 프레스턴은 도시 경제의 전형적인 위기에 직면해 있었다.

프레스턴 지역 경제는 장기간 침체한 채 프레스턴시의 빈곤율도 영국 내 하위 20퍼센트로 추락한 바 있다. 시민들의 평균 수명도 부유한 지구에서는 82세로 나타난 반면에, 빈곤 지구에서는 66세에 불과했다. 참고로 영국 전체 평균은 여성이 82.9세, 남성이 79.2세이다. 또한 프레스턴은 영국에서 자살률이 가장 높은 도시로 랭크된 불명예 기록을 가지기도 했다. 영국에서는 2010년에 보수당이 정권을 잡은 뒤에 지방자치단체로의 공적 지출이 계속해서 줄어들어 프레스턴 역시 긴축 재정이 불가피했다. 2011년 이후 영국 정부의 프레스턴시에 대한 보조금은 3000만 파운드에서 1800만 파운드로 거의 절반에 가까운 수준으로 삭감되었고 프레스턴시의 예산도 대폭 줄어들 수밖에 없는 상황이 지속되어 왔다.

3. 프레스턴의 '게릴라식 지역시민주의'

여타 지자체의 민영화와는 전혀 다른, 대안으로서의 '지역시민주의'

그런데 매우 중요한 것은, 보수당 정권의 신자유주의적 긴축 재정 기조하에 지방 정부에 지급하는 보조금이 크게 줄어든, 이와 동일한 상황에 직면한 여타 지방자치단체들이 재정 문제에 대해 민영화 조치로 대응하고자 했던 반면에, 프레스턴시는 이른바 '게릴라식 지역시민주의(로컬리즘)'으로 불리는 특수한 방침을 내놓았던 점에 있다. 영국의 여타 지방 도시와 동일하게 프레스턴에서도 일국 규모 또는 글로벌 규모의 초국적 대기업 경제가 지역 경제를 잠식, 독점하고 있는 상황이었고, 이 때문에 지역에서 창출된 부가가치가 지역 밖으로 대거 유출될 수밖에 없었다. 기존의 쇼핑몰에 입주해 있는 점포의 대부분이 런던 및 해외에 본거지를 둔 체인점이었기 때문이다. 음식업 영역에서도 맥도날드 및 스타벅스 등의 초국적 자본 기업들이 대거 진출해 있는 관계로 프레스턴 지역의 향토 개인 경영 점포는 고전을 면치 못했다. 금융 기관 및 서비스업 경제 역시 일국 규모 또는 글로벌 규모의 사업체에 의해 대체(독점)되었고, 이 사업체들은 지역 사람들을 고용해 주긴 했지만 지역에서 벌어들인 수익을 이 지역에 재투자(환원)하지 않아 지역 경제 활성화에 아무런 도움이 되지 못했다.

이와 같은 악순환적 지역 경제의 양상을 계기로, 프레스턴은 이와 같이 지역 밖으로 유출되는 대형 사업체들의 수익을 지역 안의 산업 또는 경제로 환원시켜냄으로써 지역의 경제 활성화를 꾀하기 위해서는 어떤 대응이 절실한지에 대해 진지하게 고민했다. 프레스턴은 그 고민의 귀결로서 민간 차원의 또 자유방임적인 '시장 경제(Market Economy)'가 아닌 '공적 경제(Public Economy)'에 착목했다. 프레스턴 지역의 이른바 민간 경제는 침체되어 버렸지만, 프레스턴시 산하에는 다양한 행정 기관과 공적 기관이 있어 이들의 예산을 합치면 경제적 동력으로 작용할 만큼의 꽤 높은 수준의 자금으로 작용할 수 있다는 판단을 하게 된 것이다. 프레스턴의 지역 시민사회는 2013년 당시에 프레스턴 공적 기관의 예산 중 20분의 1만이 프레스턴에 재투자되고 있다는 사실을 실증적으로 파악하게 되었다.

'게릴라식 지역시민주의'의 핵심, 공적 예산을 지역 안으로 재투자

이와 같은 문제를 해결하기 위해, 프레스턴 지자체와 시민사회는 프레스턴에 있는 공적 기관들이 상호 협력하여 공적 예산을 어떻게든 지역 안에서 지출하는 방안을 같이 고안하기 시작했다. 공적 지출의 경우 영국 및 EU의 규제에 준하는 엄격한 감사 아래 집행되어야 했기 때문에 일정액 이상의 공적 지출은 경쟁 입찰에 돌림으로써 비용 차원에서 가장 경제적이고 합리적인 방법으로 이루어지게 되었다. 그러나 이와 같은 경쟁 입찰을 거치게 되면 큰 사업은 지역 밖에 본거지를 두고 있는 대규모 초국적 대기업들이 독점하게 되는 경우가 일반적이어서 지역에 착근된 형태로 사업 활동을 하는 중소기업들이 비집고 들어갈 여지는 거의 없었다. 프레스턴 역시 오랫동안 큰 사업은 시외의 기업들이 수주해 버렸기 때문에 지역의 경제는 쇠퇴할 수밖에 없었고 지역 기업들은 큰 사업을 수주받아 수행할 힘도 경험도 전무했다.

경쟁 입찰 시스템의 '지역 내발적(endogenous) 리디자인'

프레스턴시는 2015년도에 학교 급식 사업을 뭉뚱그려진 하나의 큰 사업 계약으로 통합해서 계약하지 않고 다양한 종류의 식료품 조달 공정을 쪼개는 등 작은 사업들로 세분화하는 것을 시도했다. 이렇게 세분화된 복수의 사업들을 경쟁 입찰에 돌리니, 프레스턴 지역의 농업 생산물을 쓰는 지역의 사업체가 각각의 작은 사업들을 수주할 수 있었다. 그 결과, 합계 200만 파운드(약 40억 원)의 돈이 지역에 재투자되고 재순환될 수 있게 되었다. 또 다른 사업 계약에서는 경쟁 입찰 기준에 단가(비용) 이외의 조건들, 예컨대 품질, 지역민의 기술 교육, 지역 기업들과의 투자-조달 관계, 지역의 노동자 및 하청업자의 채용, 서플라이 체인의 길이 등, 즉 지역 재투자를 담보할 수 있도록 하는 기준들을 추가로 도입했다. 최근의 예를 하나 들자면 2019년

2월에 완성된 프레스턴 마켓의 개보수 공사는 이전에는 어림도 없던, 지역 안에서 사업 활동을 해 온 윤론이라는 소기업이 수주하였는데, 이 사업 계약으로 윤론은 지역민 8명을 정규직으로 고용하게 되었다.

외주를 인하우스로 전환

커뮤니티 게이트웨이는 프레스턴에 있는 주택협회로 약 6500호의 공영 주택을 관리하고 있는 공적 기관이다. 이전까지는 주택에 관련된 다양한 사업들의 대부분을 프레스턴 외부의 대기업에게 발주해 왔는데, 지역의 약소기업들은 관련된 큰 사업 계약을 따낼 경험이나 자신감이 결여되어 있었기 때문이다. 지금은 자사가 할 수 있는 사업은 가능한 한 인하우스로 추진하기 위해 노력하고 있다. 예를 들어 지금까지는 관리하던 건물의 개보수 사업 등을 외부 사업자에게 위탁해 왔으나 그것을 지금은 자사가 직접 맡는 걸로 전환했다. 그 결과 단가 또는 비용은 아주 조금 올랐지만 되레 사업의 질은 전혀 떨어지지 않았고, 또 지역 재투자 효과를 제고할 수 있게 되었다. 즉 전자의 비용이 후자의 효과에 의해 상쇄되고도 남은 것이다.

공적 예산이 지역 안으로 재투자

이와 같은 '게릴라식 지역시민주의'에 협력하고 있는 공적 기관에는 프레스턴시뿐만 아니라 랭커셔주 정부, 지역 대학, 주택 협회, 경찰 등 여섯 기관이 있다. 2013년에 이와 같은 공적 기관들이 프레스턴 지역 안에서 지출한 총예산은 3800만 파운드였으나 2017년까지의 상황에서는 1억 1100만 파운드로 급증했다. 이 기간 동안 위의 공적 기관들의 예산이 7억 5000만 파운드에서 6억 1600만 파운드로 삭감되었음에도 불구하고 말이다. 프레스턴시의 경우, 2012년 / 2013년 예산 중 지역 안의 회사에 재투자된 것이 14퍼센트에 불과하였으나, 2014년 / 2015년 사이에는 28퍼센트로 늘어나, 불과 2년 사이에 그 수치가 두 배나 늘어났다.

지역 경제 활성화 정책의 본격화

이러한 것들을 계기로 프레스턴에서는 지역의 경제를 '내발적으로' 활성화하기 위해 위에서 소개한 것들 이외에도 다양한 정책들을 고안, 시도해 오고 있다. 2009년에 프레스턴시는 북잉글랜드에서는 최초로 '생활임금(Living Wage)' 노동자들을 고용하기 시작했다. 생활임금이란 최저선의 생활의 질을 유지하기 위해 필요한 임금액을 고용주가 도입하는 대응이다. 법적 의무는 없지만 고용주가 자주적인 대

응으로서 도입하고 있는 제도로 민간기업에서는 이케아, 버버리 등
이 도입하고 있고, 공적 기관에서는 프레스턴시, 랭커셔주 등 꽤 많
은 지방자치단체와 교육기관, 경찰 당국이 도입하고 있다. 프레스턴
시는 2018년에 시간당 생활임금을 8.75파운드(약 14,000원)으로 정
하고, 시가 고용하는 모든 직원에 이를 적용하고 있다. 또 프레스턴
시에 자리한 여타 고용주에게도 이와 같은 생활임금을 지급할 것을
적극 장려하고 있으며, 이를 적용하는 기업의 리스트를 작성해서 지
역 시민사회에 전면 공개하고 있다.

지역 커뮤니티가 소유하는 협동조합(Co-op)의 구축

나아가 프레스턴에서는 지역에 착근된 사업 활동과 지역 재투자에 충
실한 협동조합들을 정책적으로 또 시민 실천적으로 장려하고 있다.
전국 규모의 체인을 갖는 대규모 사업체(점포)는 지방의 개인 상점들
을 말살시키고 지역 경제에는 전혀 기여하지 않는다는 문제의식을
가지고 있었기 때문이다. 먼저 대응에 나선 것은 아트 협동조합(Art
Co-op)으로, 2011년에 지역의 아티스트 세 명이 리버풀 또는 맨체스
터에 스튜디오를 만들 것을 계획 중이었는데, 프레스턴시의 지원과
장려로 협동조합을 설립해서 지역에 남게 되었다. 중요한 것은 프레
스턴시가 소유하고 있던 건물을 스튜디오용으로 무상으로 사용할 수
있도록 지원했고, 또 수년간 보조금 없이 영화, 음악, 문학 등의 다양
한 전시회 및 이벤트를 진행해 오고 있다는 점이다. 프레스턴에서는

이 외에도 IT 및 음식 사업 영역에서도 새로운 노동자 협동조합들이 설립되었는데, 2017년에는 지역 노동자들이 소유하는 협동조합 간의 네트워크를 구축하는 사업에도 착수했다.

성공 사례로서의 '프레스턴 모델'

이와 같은 정책 및 시민 실천의 결과, 프레스턴의 지역 경제는 크게 개선되었다. 2010년에서 2015년 사이에는 빈곤율이 개선된 지역으로 평가되었는데 영국 전체에서 2위를 차지했다. 프레스턴이 지역 경제 활성화를 위해 취한 다양한 정책들의 조합은 '프레스턴 모델'로 불리기 시작했고, 영국 전국적으로 주목을 받게 되었다. 노동당 제레미 코빈 당수도 이를 극찬했고, 런던의 싱크탱크 및 여타 지방자치단체가 프레스턴을 방문, 현장 조사하여 그 노하우를 전수받고 있는 상황이다. 나아가 프레스턴은 2016년에는 '거주하고 싶고 일하고 싶은 도시' 북서부 잉글랜드 1위를 차지하였고, 프레스턴시는 특히 일자리를 찾기 쉽다는 점과 창업하기 좋은 환경이 작용하는 도시로 아주 높은 평가를 받게 되었다. 한 마디로, 한 도시의 '화려한 전환'이지 않을 수 없다.

5. '민주적 지역 순환형 경제'를 위한 과제: 프레스턴으로부터의 교훈

몇 가지 과제들, 우리의 대응을 위한 단서

지금까지 살펴본 것처럼 프레스턴에서는 지역 순환형 경제를 위한 다양한 정책적, 시민 실천적 대응을 통해 지역 경제가 회복하고 또 빈곤율 및 실업률을 크게 개선해 왔다. 특히 '공동체의 부'를 사회적으로 소유하는 것(Community Wealth Building)과 노동자 협동조합, 그리고 지역 내발적 발전 또는 지역 재투자를 키워드로 하는 여러 정책들은 경제적인 위기에 허덕이고 있는 우리나라 지역들이 가히 주목할 필요가 있다.

그러나 아직 해결되지 않고 있는 과제도 있어 보인다. 지금까지는 공적 기관들이 협력해서 지역 안에 돈이 흐르게 하여 지역 내 산업 연관도 강화해 내고, 또 지역 고용 역시 촉진해 낼 수 있었으나, 민간 기업들은 특히 초국적 대기업들은 그다지 적극적으로 이에 관여하지 않고 있고 또 이와 같은 프레스턴 모델 체계에 편입되어 있지 않다. 그런 맥락에서 최근에는 프레스턴시 내에 있는 민간의 비즈니스 즉 민간 지역 기업들도 공적 기관과 동일하게 지역 안에서 재투자할 수 있도록 정책적으로 장려하고 있는 것으로 보인다. 그러나 프레스턴시 한가운데에 위치한 프랜차이즈 사업체, 대기업들의 지점, 영리 은행 등은 런던 등 프레스턴시 외부에 거점을 두는 기업이자 글로벌 초국적 대기업이어서, 그러한 서플라이 체인이 지역 안으로 돈을 흘려보내도록(재투자하는) 만드는 것은 지난한 과제일 수밖에 없다. 따라서 미국의 「지역재투자법(Community Reinvestment Act, of 1977)」과 같은 장치가 지역 차원의 조례의 형태로라도 제도화되어야 한다.

왜 프레스턴 모델을 주목해야 하는가?

위에서 언급한 것처럼 경제적으로 또 사회적으로 심각한 위기에 빠져 있던 영국의 중소도시 프레스턴은 '공동체의 부'를 지역 사회 차원에서 공공적으로 또 지역주의적으로 소유하는 것(Community Wealth Building)을 통해 그 위기를 돌파했다. 아니, 돌파를 넘어 지속가능한 지역 발전의 새로운 모델의 선구자로 우뚝 서게 되었다. 지금 우리나라 지역의 상황은 어떠한가? 서울을 제외한 거의 모든 지역에서 시민들의 소득, 금융 기관에 축적된 자금, 사업체의 수익, 그리고 지역에 닻을 내려 활동하고 있는 앵커 기관들의 거대한 조달력이 지역 밖으로 유출되면서 지역 경제를 떠받칠 경제적인 동력을 상실한 지 오래다. 해서, 이제 우리나라 지역들은 그 지역 경제를 위한 새판을 짜야한다. 그간 아무런 효과도 성과도 없는 '대기업 유치 만능론'에 빠져 있어서는 안 된다. 지역의 경제 동력이 지역 안에서 돌고 또 돌 수 있도록 새로운 정책적, 시민 실천적 대응이 필요하다. 이러한 관점에서 프레스턴의 경험을 실은 이 책은 위기에 빠진 우리나라 지역들의 새로운 경제 모델 구축을 위한 교과서가 될 것임을 확신한다.

지역 순환 경제를 연구하는 학자로서, 우리나라 각 지역의 지자체와 지역 운동에 매진하는 시민 그룹에게 이 책에 담겨 있는 영국 프레스턴의 '공동체 부(자산)의 구축(Commnunity Wealth Building)'을 통한 지역 경제의 회복 사례는 위기에 빠진 우리나라 지역의 새판을 짜게 하는 실증적 동력으로 작용할 것이라고 굳게 믿는다. 지역 경제가 왜 '지역주의적으로' 기획되고 운용되지 않으면 안 되는지, 우리나라의 지역들은 모범 사례 도시로 평가된 지 불과 몇 년밖에 지나지 않은 프레스턴의 경험을 통해 실증적으로 확인해 볼 필요가 있다.

한눈에 살펴보는 지방자치와 주민 참여

송정복(희망제작소 자치분권팀장)

'지방자치'란 일정한 지역에 사는 사람들이 자신들의 일을 자신들의 부담과 책임으로 처리해 나가는 것을 말한다. 대한민국은 해방 이후 1948년 제정한 제헌 헌법에서부터 지방자치를 명시하였고, 이듬해 곧바로 지방자치법을 제정하였다. 그러나 건국 초기 지방자치는 정치적 혼란으로 제대로 시행되지 못했고, 그 이후에도 5·16 군사 쿠데타와 군부 세력의 장기 집권으로 지방자치를 시행하지 못했다. 하지만 민주화에 대한 국민의 열망은 4·19혁명과 1987년 민주항쟁으로 이어졌고, 그 성과로 1991년 지방의회 부활, 1995년 지방자치단체장 직선제를 도입하기에 이르렀다.

독재 정권에 맞서 민주주의를 실현해 나가는 과정에서 부활한 지방자치였지만, 시작은 기대에 미치지 못했다. 지방자치단체장의 부정과 부패, 지방의회의 무능과 부조리 등이 지적되었고, 지방자치 무용론까지 대두되었다. 이러한 문제들은 주민 참여를 통해 투명성을 강화하고 주민에 의한 통제를 강화하는 노력들이 제도 개선으로 이어지면서 차츰 개선되고 있다. 특히, 2020년 「지방자치법」 전부 개정을 통해 정책 결정과 집행 과정에 주민참여권이 신설되고, 주민들이 직접 지방의회에 조례안을 발의할 수 있는 주민 조례 발안 제도가 도입되었다. 아울러 주민 조례 제정·개정·폐지 청구권 및 주민 감사 청구 요건을 완화하여 주민 참여 기반을 확대하였다.

지방자치는 왜 중요한가?

"대한민국은 민주공화국이다. 대한민국의 주권은 국민에게 있고, 모든 권력은 국민으로부터 나온다."

헌법 제1조 제1항 및 제2항에서 대한민국은 선거를 통해 대표를 선출하고 선출된 대표자가 정부를 구성해 운영하는 민주공화제를 선택했고, 국가 권력의 원천이 국민에게 있음을 밝혔다. 그러나 현실 정치에서 국가 권력은 국민의 의사에 반해 독재 정권이 집권하거나 군부 정권이 장기 집권하였고, 국민은 끊임없는 투쟁으로 민주주의를 지키고 지방자치를 부활시켰다. 우리 역사에서 지방자치는 민주화 투쟁의 성과이면서 풀뿌리 민주주의를 키우는 장으로서 큰 의미를 갖는다.

아울러 지방자치 부활은 각종 인허가권을 쥐고 시민 위에 군림하던 행정이 시민의 행복을 실현하는 서비스 기관으로 자리바꿈하는 전환점이 되었다. 특히 2010년 6월 2일 선거로 당선된 민선 5기부터는 주민 참여와 협치를 통해 지방자치를 내실화하면서 중앙 정부 정책을 견인하고 있다. 일부 지방 정부에서 선도적으로 시행하던 주민 참여 예산제는 2011년부터 모든 지방 정부에서 시행하도록 의무화하면서 정책 결정 과정에 주민 의견을 수렴하는 창구로 자리 잡았다. 서울 서대문구에서 시작한 '동 복지 허브화' 사업은 보건복지부가 전국으로 확산하였고, 지역 자산을 활용하여 마을공동체 사업을 발굴하는 완주군 '마을기업' 정책도 행정안전부가 사례를 발굴하여 전국화한 사업이다. 전 지구적 기후 위기를 극복하기 위한 탄소 중립과 신·재생 에너지로의 전환도 지방 정부가 앞서 모범 사례를 만들며 중앙 정부를 견인하고 있다. 이처럼 지역 특성에 기초하여 다양하게 실험하면서 뿌리를 내린 정책들은 지방 정부에서 충분히 검증을 거쳤기 때문에 중앙 정부 정책으로 확산하는 데 실패할 위험도 적다.

얼마 전 대통령 집무실을 옮기겠다고 하자 '아닌 밤중 홍두깨 같은 듣도 보도 못한 이야기'라며 해당 지역 구청장이 강력히 반발했다는 소식이 들렸다.[1] 예전 같으면 대통령 당선인의 첫 행보에 대놓고 구청장이 반발하는 일은 상상하기 힘들었겠지만, 이제는 주민 불편을 당당하게 말하는 시대가 되었다. 이렇게 중앙 정부의 필요나 요구가 아니라 지역 주민의 편의와 공공복리를 최우선으로 고려하며 행정 서비스를 제공하는 것이 지방자치의 존재 이유이다.

지방 정부의 형태와 기관 구성[2]

지방 정부란 국가로부터 자치권을 부여받아 일정 지역을 대상으로 공적 권한을 행사하는 공공단체 또는 기구를 의미한다. 지방 정부는 그 기능을 수행하기 위한 내부 기관을 구성하게 되는데, 의결 기능(기관)과 집행 기능(기관)의 형태에 따라 기관통합형, 기관분리형, 절충형 등 크게 세 가지 형태가 있다.

기관통합형은 주민의 의해 선출된 대표 기구가 의결 기능과 집행 기능을 함께 수행하는 형태이다. 지방 정부의 수장을 별도로 선출하지 않은 채 의회가 의결 기능과 집행 기능을 함께 담당한다. 세부적으로는 지방의원 중 일부가 내각 또는 집행위원회를 구성하여 집행권을 행사하는 내각제형과 지방의원 모두가 집행 기능을 나누어 행사하는 위원회형이 있다.

기관분리형은 의결 기관과 집행 기관이 서로 분리되어 상호 견제와 균형을 이루는 형태이다. 일반적으로 의결 기관과 집행 기관은 주민의 직접 선거에 의해 선출하는데, 집행 기관의 장은 중앙 정부에서 임명하거나 의회에서 선출한다. 현재 우리나라와 일본의 지방 정부가 기관분리형에 해당한다.

절충형은 형태와 내용이 다양한데, 대표적인 형태가 미국을 중심으로 빠르게 확산된 시정관리관형이다. 시정관리관형은 지방의회가 전문행정인을 책임자로 임명하여 행정을 처리하는 형태이다. 일반 기업에서 이사회가 전문경영인을 영입하여 경영을 맡기는 것과 유사하다.

지방 정부의 계층과 구조

중앙 정부와의 계층적 관계가 하나인 경우를 단층제라 부르고, 둘 또는 그 이상의 계층이 존재하는 형태를 중층제라 부른다. 중층제는 통상 둘 내지 세 개의 계층으로 이뤄지는데, 나라에 따라서는 네 개 이상의 층을 이루기도 한다.

현재 우리나라는 광역 지방 정부(광역 지방자치단체)와 기초 지방 정부(기초 지방자치단체)로 중층제 형태를 기본으로 하되, 제주특별자치도와 세종특별자치시는 광역 지방 정부로만 구성된 단층제 구조이다.

광역 지방 정부	특별시 (1)	광역시 (6)		도 (8)		특별 자치시(1)	특별 자치도(1)
기초 지방 정부	자치구 (25)	자치구 (44)	군 (5)	시 (75)	군 (77)		행정시 (2)
행정기관 단위	동 (426)	동 (690)	읍(16) 면(30)	행정구(32) 읍(125) 면(675) 동(944)	읍(85) 면(459)	읍(1) 면(9) 동(12)	읍(7) 면(5) 동(31)

출처: 행정안전부(2021), 지방자치단체 행정 구역 및 인구 현황

2021년 말 기준 우리나라는 17개의 광역 지방 정부와 226개의 기초 지방 정부로 구성되어 있고, 226개 기초 지방 정부는 75개 시와 82개 군, 69개 자치구가 설치되어 있다. 특별자치도에는 2개의 행정시가 있다. 인구 50만 명 이상인 시에는 행정구를 설치할 수 있는데, 현재 32개가 설치되어 있다. 기초 지방 정부인 시·군·구 아래에는 행

정 기관인 읍·면·동이 3,515개 설치되어 있다.

우리나라 지방 정부의 계층 구조는 광역 지방 정부와 기초 지방 정부 간 기능적 독립성이 낮다. 같은 사무를 두고 규모가 크면 광역 지방 정부가, 규모가 작으면 기초 지방 정부가 수행하는 식의 사무 배분이 되어 있기도 하고, 기초 지방 정부가 사무를 수행하는 과정에 광역 지방 정부가 불필요한 지휘·감독을 하기도 하면서 갈등과 행정력이 낭비된다는 지적이다.[3]

한편, 인구 100만 이상인 대도시에 대해서는 더 이상 광역시로 승격하지 않고 특례시 규정을 두어 광역 자치 단체에 준하는 권한을 부여한다. 부시장이 2명으로 늘어나며, 법인격이 부여되는 시정연구원을 둘 수 있다. 국을 총괄하는 실을 설치할 수 있고, 지역개발채권 발행 및 지역자원시설세가 시세로 전환된다. 아울러 인구 50만 이상의 대도시에 대해서도 일부 행정 권한에 대한 특례를 부여하고 있다.

지방 교육 자치와 교육감

1991년 「지방교육자치에 관한 법률」을 제정하면서 광역시·도에 교육위원회를 설치하고, 2006년 동법 개정으로 교육감과 교육의원을 선출하는 교육 자치가 시작되었다. 교육위원회는 그 지역 교육·학예에 관한 사무의 심의·의결 기관으로, 교육감은 집행 기관으로 역할을 하였다.

교육감 및 교육의원의 선출은 교육 관련 전문성 등을 이유로 의회에서 선출하거나 학교운영위원이 선출하는 간선제 방식으로 운영하는 등 여러 제도 변화를 겪다가 2010년부터 주민이 직접 선출하는 방식으로 전환하였다.

이 과정에서 상당한 논란이 있었는데, 교육 자치 우위론자들은 교육의 전문성과 특수성을 강조하면서 집행 및 의결 기관을 일반 행정과 완전히 분리해야 한다고 강조했고, 일반행정론자들은 행정의 효율성을 중시하면서 교육 행정과 일반 행정의 통합 운영을 강조하였다. 이러한 논란의 과정을 거쳐 교육감과 교육의원은 주민이 직접 선출하고, 교육위원회는 시·도의회의 상임위원회로 정리하였다.

이후 교육의원 직선제는 일몰제가 적용돼 2014년 6월 30일자로 폐지되었고, 지방의회 의원들이 교육위원회를 구성한다. 제주특별자치도는 「제주특별자치도법」에 교육의원 의석이 명시돼 교육의원 직선제가 남아 있는데, 최근 법 개정으로 2026년에 폐지될 예정이다.

지방의회는 어떻게 일하는가?

우리나라는 기관분리형 지방 정부 구조를 택하고 있기 때문에 지방 정부 조직이 집행 기관과 의결 기관으로 나뉜다. 단체장이 이끄는 행정 조직은 집행 기관이 되고, 지방의회는 의결 기관이 된다. 의결 기관으로서 지방의회는 발의권과 의결권, 조사권과 감사권 등의 권한을 부여받는다.

의결권은 지방의회 권한의 핵심이다. 지방의회는 조례를 제정하거나 지방 정부 예산안을 심의·의결한다. 기타 세부 사항은「지방자치법」제47조(지방의회의 의결 사항)에 나열되어 있다. 집행 기관은 지방의회의 의결 없이는 자치 사무나 단체 위임 사무를 처리할 수 없고, 지방의회에서 제정한 조례의 범위 내, 예산의 범위 내에서 집행해야 한다. 지방의회는 이러한 의결권 행사를 위해 집행 기관에 대해 관련 정보 제출을 요구할 수 있고, 집행 기관의 장 등 관계자의 출석을 요구할 수 있다.

발의권은 의결의 대상이 되는 안건을 제출할 수 있는 권한이다. 지방의원은 지역 주민을 대표하여 지역 사회가 풀어야 할 문제를 찾아내고, 그 해결 방안을 정책으로 제안하거나 집행 기관에 해결을 촉구할 수 있다.

감사·조사권은 집행 기관의 활동을 평가하고 점검하는 활동이다. 감사는 법률과 조례에 의해 정해진 시점과 기간에 집행 기관의 활동 전반을 평가하고 검사하는 활동이다. 반면, 조사는 집행 기관이 관계하고 있는 특정 사안에 대해 지방의회가 원하는 기간 동안 활동을 점검하고 검사하는 활동이다.

지방의원은 주민의 의해 선출된 자로서 임기는 4년이며, 매월 의정활동비와 월정수당을 활동상황과 관계없이 정례적으로 일정 금액을 지급받는다. 사실상 유급직으로 의정 활동에 전념하며 전문성을 키울 수 있다. 지방의회에는 상임위원회와 특별위원회를 구성할 수 있고, 의장과 부의장, 상임위원장은 의원들이 무기명 투표로 선출한다. 각 위원회는 의안과 청원 등 심사, 행정 사무 감사 및 조사, 그 밖의 소관 사항으로 관련 안건에 대한 검토 및 보고, 자료의 수집 조사 및 연구를 하는 전문위원을 두어 소속 상임위 의원들의 활동을 지원한다.

지방자치단체장은 어떤 일을 하는가?

• 지방자치단체장의 지위

지방자치단체장은 임기 4년의 선출직 공무원으로서 3연임까지 가능하다. 지방자치단체장은 기본적으로 지방의회와 집행기관을 포함한 지방 정부 전체를 대표하는 지위를 가지며, 지방 정부를 대표하여 조례를 공포하고 외부 기관과 계약을 체결한다. 지방 정부 내부 기관인 집행 기관의 장으로서 지방의회와 적절한 관계를 유지하며, 자치 사무와 단체 위임 사무를 관리하고 집행한다. 또한, 지방자치단체장은 국가의 일선 지방행정기관장으로서 지위를 가지며, 기관 위임 사무를 처리한다.

• 지방자치단체장의 권한

지방자치단체장은 지방의회 관련 안건 발의권과 재의 요구권, 재결된 사안에 대해 대법원에 제소할 수 있는 권한을 가진다. 아울러 지방자치단체장은 긴급한 상황에서 지방의회의 의결이 지체될 경우 지방의회의 의결을 거치지 않고 처분을 먼저 하는 선결처분권을 가진다.

지방자치단체장은 행정의 원활한 수행을 위하여 '법령이나 조례가 위임하는 범위 내'에서 권한에 속하는 사무에 관하여 규칙을 제정할 수 있는 규칙 제정권을 가지며, 자치 사무 및 위임 사무에 대해 관리하고 집행할 권리를 가진다. 아울러 집행 기관의 장으로서 보조 기관과 소속 행정 기관, 하부 행정 기관 및 그 직원에 대해 임면권과 지휘·감독권을 갖는다.

• 지방자치단체장의 역할

우선 지방자치단체장은 지역 사회와 주민을 위한 새로운 정책 과제를 발굴하고 이를 공론화하는 역할을 수행한다. 다음으로 이렇게 발굴된 정책 과제를 해결할 수 있도록 자원을 동원하고 비전을 제시하여 지역 사회를 설득해 정책을 추진한다.

다음으로 주어진 소관 사무에 대해서 효과적으로, 효율적으로 관리하고 집행하는 역할을 수행한다. 또한 지역 경제를 활성화시키고 지방 정부 재정 기반을 강화할 수 있는 각종 사업을 기획하고 집행할 수 있는 자치경영자로서 역할을 수행한다. 한편, 지방의회에 대해서는 의회의 결정이 지역 사회 전체의 이익에 부합하는지 점검하고 견제하는 역할도 한다.

지방 정부의 예산은 어디서 나오고 어떻게 쓰이는가?

국가는 국민으로부터 세금을 받아 나라 살림을 운영하는데, 중앙 정부와 지방 정부가 거둬들이는 세금이 다르다. 상품(재화)을 사고팔 거나 서비스(용역)을 제공하는 과정에서 얻는 부가가치(이윤)에 대해 서 부과하는 부가가치세, 법인(기업)의 소득 금액에 대해 부과하는 법 인세는 대표적인 국세로 중앙 정부의 주 수입원이다. 반면 지방 정부 는 토지나 건물 등 재산에 부과되는 재산세, 부동산, 차량, 체육 시설 이용권 등의 취득에 대하여 부과하는 취득세, 자동차를 소유하는 것 에 대하여 부과하는 자동차세 등이 주 수입원이다.

세금은 헌법에 규정된 '조세법률주의'에 의해 법률로만 부과할 수 있다. 지방세는 「지방세기본법」, 「지방세법」, 「지방세특례제한법」에 의 해 운영되는데, 2022년 당초 예산안 기준 108조 5070억 원으로 국세 대비 24.8퍼센트 수준에 머물고 있어 지방세 확대가 과제이다. (행정 안전부 「2022년도 지방자치단체 통합재정 개요」 참고, 지방 정부의 투명한 재정 운영과 국민의 알 권리를 위하여 행정안전부는 지방 재정 통합 정보 웹 사이트인 '지방재정365'를 운영하고 있다.)

지방 정부의 재정 수입은 크게 자주 재원과 의존 재원으로 나뉜다. 자주 재원은 지방 정부가 지방세 등 자체 재원으로부터 거둬들이는 수 입을 말하고, 의존 재원은 중앙 정부 등 외부로부터 받는 자금을 말한 다. 의존 재원에는 중앙 정부가 특정 사업의 수행을 장려하기 위하여 교부하는 국고 보조금, 지방 정부의 재원을 보전하고 지방 정부 간 재정 격차를 조정하기 위하여 사용처를 정하지 않고 지원하는 지방 교부세가 있다. 국고 보조금 사업은 중앙 정부 사업을 수행할 때 지원하는데, 사업비를 100퍼센트 지원하는 것이 아니라 중앙 정부 50퍼센트, 광역 지방 정부 20퍼센트, 기초 지방 정부 30퍼센트 등 사업에 따라 지방 정부가 부담하는 비율이 다르다. 일부 지방 정부는 사회 복지 관련 지출이 총지출의 60퍼센트가 넘으며, 과도한 국고 보조 사업 매칭비 부담으로 재정 운영의 어려움을 겪기도 했다.

지방 정부는 자체 수입과 중앙 정부로부터 받는 교부금, 사업 공모 등을 통해 확보한 국고 보조금 등을 고려하여 예산을 편성한다. 직원의 급여, 시설의 운영 및 유지관리비 등 고정 비용을 제외하고, 장애인연금, 노령연금 등 법률로써 반드시 지출하게 되어 있는 비용 등을 제외하면, 지방 정부 단체장이 자체 사업으로 추진할 수 있는 예산은 많지 않다. 이렇게 집행부가 편성한 예산안을 의회로 넘기면, 의회는 예산안을 심의하여 확정한다. 이때, 지방의회는 예산안에 대해서 삭감은 할 수 있지만, 증액을 하거나 새로운 비용 항목을 설치하는 경우에는 지방자치단체장의 동의를 얻어야 한다.

지방 선거 출마하기

지역을 혁신하고 싶은 의지가 있거나, 지역을 위해 봉사할 마음이 충만하다면 지방 선거 출마를 고려해 볼 수 있다.

2021년 「공직선거법」 개정으로 선거일 기준 만 18세 이상 피선거권이 있는 국민이라면 누구나 지방자치단체장 혹은 지방의회 의원으로 출마할 수 있다. 선거에 출마하고자 하는 자는 정당 추천 혹은 선거구 안의 주민 등록이 된 선거권자로부터 후보자 추천을 받아야 하는데, 기초 지방 정부 단체장은 300인 이상 500인 이하, 지역구 기초 의원은 50인 이상 100인 이하의 서명을 받으면 된다. 후보자 등록 신청 시 기탁금을 납부해야 하는데, 기초 지방 정부 단체장은 1000만원, 기초의원은 200만 원을 기탁해야 한다. 후보자는 선거 운동 기간에 후원회를 설치하여 법정 선거 비용 제한액의 50퍼센트까지 후원금을 모금할 수 있고, 차입도 가능하다. 기탁금과 선거 비용은 유효 투표 총수의 15퍼센트 이상을 득표한 경우에는 전액을, 유표 투표 총수의 10퍼센트 이상 15퍼센트 미만을 득표한 경우에는 절반을 돌려받을 수 있다.

지방 선거에 출마하기로 결심했다면, 정당 후보자로 출마하거나 무소속으로 출마할 수 있다. 정당 후보자의 경우에는 후보 등록 전에 당내 경선을 거쳐야 한다. 정당의 지역구 지방의원 후보자 추천 시 국회의원 지역구마다 1명 이상을 여성으로 추천해야 하며, 전국 지역구 총수의 30퍼센트 이상을 여성으로 추천하도록 권고하고 있으니, 여성의 경우에는 정당 후보자 출마가 유리할 수 있다.

주민 참여 활동

민주공화국에서는 선거를 통해 대표 일꾼을 뽑고, 대표들은 주민들의 권리를 위탁받아 정부를 구성하여 운영한다. 그런데, 사회가 빠르게 변화하고 주민들이 요구도 다양해지면서 정책 효과를 높이기 위하여 정책 결정 과정에 주민들의 참여를 확대하고 있다. 주민 참여 제도 가운데 주민 투표, 주민 발의, 주민 소환 제도를 '직접 민주주의 트리오(trio)'라고 부른다.

• 주민 투표

1994년 「지방자치법」 개정으로 '지방자치단체의 폐치, 분합, 또는 주민에게 과도한 부담을 주거나 중대한 영향을 미치는 사항 등'을 주민 투표에 붙일 수 있도록 했다. 그러나 투표 진행 절차에 관한 입법이 늦어지면서 2004년에야 「주민투표법」이 제정되었다. 이 때에는 투표 결과를 확정하기 위해서는 전체 투표권자 중 최소한 3분의 1 이상이 투표를 해야 했다. 지방 선거의 낮은 투표율을 고려하면 쉽지 않은 숫자이다. 2007년 광역 화장장 문제를 둘러싸고 벌어졌던 하남시장 주민 소환을 위한 주민 투표는 투표율 미달로 무효가 되었고, 2011년 서울시 무상 급식 주민 투표도 투표율 미달로 무효가 되었다. 반면, 2005년 제주도 시·군 자치 폐지의 건은 확정되었다.

2021년 관련법이 개정되어 투표권자 중 최소 4분의 1 이상 투표, 유효 투표수 과반수 득표로 확정 조건이 바뀌었다.

• 주민 발의

주민이 직접 조례의 제정, 개정 폐지를 청구할 수 있는 제도로 1998년 「지방자치법」 개정으로 도입되었다. 제도 도입 당시에는 주민들이 지방자치단체장에게 청구하고, 지방자치단체장이 조례안을 마련하여 지방의회에 부의하도록 하였다. 청구 요건으로는 선거권이 있는 주민 일정 수 이상의 서명을 받도록 하였다. 그러다 2021년 「주민조례 발안에 관한 법률」을 제정하면서 주민이 직접 지방의회에 청구할 수 있도록 하였고, 청구 요건도 이전보다 완화되어 해당 시·군·구의 인구수에 따라 세분화하였다. 2010년 학교 무상 급식 지원 조례 제정 운동이 전국으로 확산하면서 주민 발의 제도가 활성화되었다. 2015년 시흥시에서는 청년들이 주민 발의를 통해 「시흥시 청년 기본 조례」를 제정하기도 하였다.

• 주민 소환

주민 소환 제도는 투표를 통해 지방자치단체장 혹은 지방의원을 해임할 수 있는 제도로 2006년 「주민소환에 관한 법률」을 제정하면서 도입하였다. 제도 도입을 놓고 선출직 공직자의 직무 환경을 불안하게 할 수 있다는 우려, 일부 세력이 정치적으로 악용할 수 있다는 우려도 제기되었다. 하지만, 제도 도입이 지방 정부와 지역 사회의 자기 책임성을 높이고, 제도 도입만으로도 소환 대상자에게는 합리적인 판단을 유도할 것이라고 판단하였다. 하지만 발의 요건이 너무 까다로워 대부분 서명인 수를 채우지 못하고 청구에 실패하는 실정이다. 2011년 하남시장과 시의원에 대한 청구가 있었는데, 시장은 투표율이 3분의 1에 못 미쳐 무효화 되었고, 시의원은 2명은 소환 요건을 충족하여 주민 소환이 확정되었다.

• 주민 감사 청구와 주민 소송

주민 감사 청구는 지방 정부의 사무 처리가 법령에 위반되거나 공익을 현저히 해한다고 판단될 때 주민 일정 수 이상의 서명을 받아 상급 정부에 감사를 청구할 수 있도록 한 제도이다. '일정 수'는 지방 정부 조례로 정하되 시·도는 300명, 인구 50만 명 이상 도시는 200명, 그 밖의 시·군·자치구는 150명을 넘지 못하도록 규정하고 있다.

주민 소송 제도는 지방 정부의 위법한 재무 회계 행위에 대해 지역 주민이 그 시정을 법원에 청구할 수 있는 제도이다. 소송은 1인 이상 누구라도 할 수 있으며, 자신의 개인적 권리나 이익에 관계없이 청구할 수 있다. 다만 소송에 앞서 주민 감사 청구를 먼저 해야 하는 조건이 붙어 있다. 주민 소송 제도는 자치단체장의 예산 낭비 등에 대해 주민의 직접 통제를 가할 수 있도록 한 제도이다.

• 주민 참여 예산 제도

주민 참여 예산 제도는 지방 정부의 예산 편성 과정에 주민이 참여하는 제도이다. 2004년 울산광역시 동구와 광주광역시 북구에서 처음 도입하였고, 2005년 「지방재정법」 개정을 통해 주민 참여 예산의 근거를 마련하였다. 민선 5기 당시 지방 재정 위기론이 제기되면서 2011년에 의무 시행 제도로 전환하였다. 2018년 성남시를 마지막으로 243개 기초 및 광역 지방 정부 모두가 주민 참여 예산에 관한 조례를 운영하고 있다. 주민 참여 예산 제도의 운영 형태는 시민의 적극적인 참여 여부와 자치단체장의 의지에 따라 다양하다. 일부 지방자치단체는 여전히 홈페이지를 통한 단순 의견 수렴과 공청회 등을 거치는 '주민 참고 예산제'에 머무는가 하면, 서울특별시 은평구는 정책의 계획 단계부터 주민 의견을 수렴하며 주민 총회를 통해 숙의와 공론장으로 기능하도록 주민 참여 예산제를 발전시키고 있다.

나가며: 변화를 위해 우리가 할 수 있는 일

지방자치는 1987년 민주화 투쟁의 성과로 어렵게 부활했다. 그러나 준비되지 않은 시작은 지방자치단체장의 부정과 부패, 지방의회의 무능과 부조리 등이 드러나며 지방자치 무용론까지 대두되었다. 그럼에도 지방자치가 풀뿌리 민주주의를 실현하는 장이라는 믿음과 자치 분권을 향한 수많은 노력들에 힘입어 조금씩 변화하고 있다. 그 변화의 시작은 민주주의에 대한 주민들의 자각과 적극적인 참여이다.

지방자치 부활 이후 가장 큰 변화는 지방 행정이 중앙 관료의 눈치를 보는 것이 아니라 지역 주민의 눈높이에 맞춘다는 점이다. 지방자치단체장이나 지방의원 모두 4년마다 유권자인 주민의 평가를 받기 때문에 주민의 목소리에 더 섬세하게 귀 기울이고 지방자치 효능감을 높이기 위해 노력한다.

서울 서대문구에서 확산된 '동 복지 허브화' 사업은 복지 서비스를 신청자가 신청하면 지원하는 방식에서 도움이 필요한 대상자를 찾아 발굴하고 지원하는 방식으로 행정의 역할을 바꾸었다. 2014년 경기도 부천시와 서울 노원구, 서울 성북구에서 시작한 생활임금제와 비정규직의 정규직 전환 사례, 코로나19 확산 상황에서 의료·돌봄·물류·교통 분야 노동자에 대한 사회적 보호를 제도화한 서울 성동구의 필수 노동자 보호 및 지원 사례는 지방 정부의 역할을 노동권 보호와 인권 증진의 영역까지 확대하였다. 서울 도봉구는 주민 참여 기본조례와 민관 협치 활성화를 위한 기본조례를 제정하여 주민이 정책 제안부터 실행·평가까지 참여할 수 있도록 했다. 특히 협의 조정 기구인 '협치 도봉구 회의'를 통해 주민이 제안한 의제를 주민이 선정하고, 선정된 의제는 의제별 포럼을 구성해 공론과 숙의 과정을 거쳐 세부 실행 계획을 수립하며, 워킹 그룹을 통해 실행된다.[4]

지방자치의 이러한 변화들은 민선 5기를 기점으로 주민 주권을 강화하고 지역 공동체를 활성화하려는 혁신적인 지방자치단체장들과 주민들의 적극적인 참여가 뒷받침되었기에 가능했다. 대의 민주주의 제도에서는 이러한 변화가 지속될 수 있도록 선거 과정에서 후보자들의 정책을 잘 살펴보고 투표하는 것이 1차 과제이다. 아울러 단체장 혹은 지방의회 구성원의 변화에 따라 주민들을 위한 정책이 후퇴하지 않도록 적극적인 감시 활동도 필요하다. 우리 지역구 의원, 단체장은 어떤 정책을 펼치고 있는지, 내년도 사업으로는 무엇을 계획하고 있는지 홈페이지에 게시된 예산 계획서도 살펴보자. 지역 주민에게 꼭 필요한 사업이 축소된다면 연대 서명을 통해 반대 의사를 표시하거나, 지역구 의원에게 수정하도록 요구할 수도 있다. 보다 적극적으로 주민자치위원이나 협치위원으로 참여하여 지역 공동체 활성화를 위한 활동에 참여하는 것도 방법이다. 마을에서 청년이나 학부모, 여성 등 나와 비슷한 이들과 동아리 활동 혹은 마을 모임을 통해서 지역 문제를 발굴하고 해결하기 위한 시도도 가능하다. 나아가 우리 사회가 당면한 과제인 빈부 격차, 청년 실업, 주거 문제, 기후 위기 등과 같은 개인의 문제 혹은 구조적 문제라고 여겼던 과제들에 대해서도 함께 대안을 모색해 볼 수 있을 것이다.

공동체 자산 구축 전략과 관련된 참고 자료

* 앵커 기관 관련 자료

CLES에서 펴낸 「조달의 힘 II(The Power of Procurement II)」은 맨체스터 시의회가 10년간 공공 조달에 기울인 노력을 소개한다.

https://cles.org.uk/wp-content/uploads/2017/02/The-Power-of-Procurement-II-the-policy-and-practice-of-Manchester-City-Council-10-years-on_web-version.pdf

마찬가지로 CLES에서 펴낸 「우리는 어떻게 프레스턴에서 공동체의 자산을 구축했는가(How we built Community Wealth in Preston)」는 2011년 이후로 프레스턴의 여러 앵커 기관과 함께 한 여정을 소개한다.

https://cles.org.uk/wp-content/uploads/2019/07/CLES_Preston-Document_WEB-AW.pdf

'협력하는 민주주의(The Democracy Collaborative)'는 병원이나 대학 같은 앵커 기관이 어떻게 노동자 협동조합이 그 일자리가 가장 필요한 근린 공동체에서 녹색 일자리를 만들어 내는 데 기관의 힘을 보탤 수 있는지를 보여 준다.

https://community-wealth.org/content/cleveland-model-how-evergreen-cooperatives-are-building-community-wealth

앵커 기관으로서 NHS에 관한 건강재단(Health Foundation)의 보고서. CLES와 '협력하는 민주주의'가 수행한 업무도 소개한다.

https://www.health.org.uk/news-and-comment/charts-and-infographics/the-nhs-as-an-anchor-institution

* 지역 공동체 네트워크

에이콘(ACORN): 2014년 브리스틀에서 설립된 에이콘은 대중 회원(mass-membership) 조직이자 지역 공동체를 위한 더 공정한 거래를 목적으로 조직된 저소득층 네트워크이다. 근린 공동체에서 주택 빈곤 문제를 해결하려고 고심하던 몇몇 지역 주민에서 출발한 이 단체는 수천 명의 회원과 전국에 지회를 둔 전국적 단체로 빠르게 성장해 현재는 대형 은행과 악덕 임대인, 다국적 기업에 맞서고 있다.

https://acorntheunion.org.uk/about/

로컬리티(Locality): 로컬리티는 사회적 기업, 개발신탁, 사회적 행동 센터로 이루어진 전국 네트워크다. 이들은 사람들이 지역에서 소유·주도하는 조직을 설립하고 지역 공동체 자산 소유권, 지역 공동체 기업, 지역 공동체의 권리와 지역 회생에 관한 모범 실천 사례를 공유하도록 돕는다. 이들은 자산 소유권과 지역 공동체 기업에 관련된 모든 사항에 대해 엄청난 자료와 지원을 제공한다.

http://www.locality.org.uk

영국 사회적 기업 협의회(Social Enterprise UK): 사회적 사명이나 환경적 사명을 가진 사회적 기업의 전국적 조직체다.

https://www.socialenterprise.org.uk

스터 투 액션(Stir to Action): 도싯주의 브릿포트 지역에 기반을 둔 활동가 단체로 분기별로 「신경제 매거진(magazine for the new economy)」을 발간하며 민주적 소유권에 대해 조언을 제공하는 소모임(advice sessions)을 진행한다. 이런 소모임으로는 '노동자 협동조합 시작하기(Worker Co-ops: How to Get Started)'와 '지역 공동체 소유권: 우리가 직접 운영하면 무슨 일이 벌어질까(Community Ownership: What If We Ran It Ourselves?)'가 있다.

https://www.stirtoaction.com

* 공동체 소유 자산

마이커뮤니티(myCommunity): 지역 공동체 부문을 위한 조언, 자료와 토론. 보조금과 자금 지원에 대한 단계별 안내와 정보를 제공한다.

https://mycommunity.org.uk

전국 공동체 토지 신탁 네트워크(National Community Land Trust Network): 공

동체 토지 신탁을 잉글랜드와 웨일스 전역에서 주택 문제를 해결하는 중요 부분으로 삼으려는 운동을 전개하고 있다. 공동체가 주도하는 주택 부문 기반 시설을 지원하며 이에 대한 조언도 제공한다.

http://www.communitylandtrusts.org.uk

펍 이즈 더 헙(Pub is the Hub): 시골 지역의 주류 판매 허가 소지자와 지역 공동체가 지역 자산의 공동체 소유 등을 포함해 지역의 필요를 지원하는 데서로 협력하도록 독려하는 일종의 촉매제 역할을 한다.

https://www.pubisthehub.org.uk/wp-content/uploads/2014/07/
CommunityOwnership.pdf

「지방분권법(Localism Act)」에 대한 안내와 이 법이 자산, 주택 및 도시 계획을 중심으로 지방의회와 공동체 집단에서 부여하는 권한에 대해서는 다음을 보라.

https://assets.publishing.service.gov.uk/government/uploads/system/
uploads/attachment_data/file/5959/1896534.pdf

헵든브리지 타운홀의 공동체 자산 이전 문제를 다른 사례 연구

http://media.hebdenbridgetownhall.org.uk/sites/default/files/Making%20
Asset%20Transfer%20Work.pdf

새롭게 공영화된 해크니의 에너지 회사에 대한 지역 보고서

https://www.hackneycitizen.co.uk/2019/05/02/town-hall-moves-ahead-
first-steps-publicly-owned-energy-company/

스코틀랜드 개발신탁 협의회(Development Trust Association Scotland): 공동체 소유권 지원 서비스를 제공한다.

https://dtascommunityownership.org.uk

지역 공동체 신탁 구축(Building Communities Trust): 지역 공동체가 소유·운영하는 웨일스 지역 내 자산을 보여주는 지역 지도.

http://www.bct.wales/community-assets-in-wales/

* 협동조합 노동자 소유권

유럽 협동조합 연맹(Cooperatives Europe)

https://coopseurope.coop/

국제 협동조합 연맹(International Cooperative Alliance)

http://www.ica.coop/

영국 협동조합 연맹(Co-operatives UK): 전국 단위의 조합 단체로서 협력을 위한 캠페인을 벌이고 협동조합 기업을 장려하고 개발하며 통합하기 위해 노력한다. 웹사이트를 통해 협동조합 기업을 위한 토론 포럼과 각종 자료를 제공한다.

https://www.uk.coop/uk

트레이드마크 벨파스트(Trademark Belfast)

http://trademarkbelfast.com/co-operative-development/

그랜비 거리(Granby Four Streets)를 일종의 주택 커먼스(commons)로 다루는 사례 연구. 리버풀 지역에서 진행된 다른 유사 실험도 함께 소개하고 있다.

https://www.jstor.org/stable/j.ctv153k6cx

영국 협동조합 연맹 노동자 소유 협의회(Employee Ownership Association)

https://www.uk.coop/1millionowners

웨일스 협동조합센터(Wales Co-operative Centre): 협동조합과 협력을 옹호하는 연구 논문과 정책 논문, 사회적 기업과 협동조합에 대한 안내를 비롯해 협동조합 설립에서부터 공동체에 지분 인수를 제안하는 과정에 이르기까지 다양한 자료를 제공한다.

https://wales.coop/tools-and-resources/

레디컬 루츠(Radical Routes): 영국에 기반을 둔 2차 협동조합(secondary cooperative)으로 주택협동조합, 노동자 협동조합, 사회 변화에 헌신하는 사회 센터로 구성되어 있다. 이 조직은 자금 대출, 교육 훈련 워크숍, 현지 지원과 전국 집회를 통해 새로 설립되거나 기성의 협동조합을 지원한다.

http://www.radicalroutes.org.uk/

피프티 바이 피프티(Fifty By Fifty): 2050년까지 노동자-소유자를 1천만 명에서 5천만 명으로 늘리기 위해 지식, 자원 및 기술 관련 운동을 촉진하는 것을 목표로 협력하는 민주주의가 시행하고 있는 계획이다.

https://www.fiftybyfifty.org/research/employee-ownership-resource-center/

식료품 협동조합의 계획, 설립 및 운영에 관한 안내에 대해서는 아래 웹사이트를 참조하라.

- https://www.sustainweb.org/foodcoopstoolkit/
- https://platform6.coop/resources
- https://www.students.coop/resources/how-to-start-a-food-co-op/
- https://www.noncorporate.org

* 신용조합/지역 공동체 은행

세계 신용조합 협의회(World Council of Credit Unions)

http://woccu.org/

협동조합 은행(Co-operative Bank): 윤리적 은행 업무와 협동조합에 대한 대출에 관한 정보를 제공한다.

www.co-operativebank.co.uk

신용조합, 지역 공동체 은행, 상호저축은행에 관한 정보는 아래 웹사이트를 참조하라.

- https://www.moneysavingexpert.com/loans/credit-unions/
- https://www.thersa.org/globalassets/bridges-campaign/
  invest-in-communites/rsa-road-to-resilience-community-banking.
  pdf
- https://www.lowimpact.org/mutual-credit-a-lifeline-for-small-
  businesses/

신용조합을 검색, 가입하거나 시작하려면 아래 웹사이트를 참조하라.

- https://www.findyourcreditunion.co.uk/
- https://ldn.coop/start-a-co-op/start-a-credit-union/
- https://www.mycreditunion.gov/about-credit-unions/find-join-start

신설 지역 공동체 은행에 관해서는 아래 웹사이트를 참조하라.

- https://www.avonmutual.org
- https://southwestmutual.co.uk/
- https://nwmutual.co.uk/
- https://www.alex-bird.com/banc-cambria/

* 주택

영국 협동조합주택 연합회(Confederation of Cooperative Housing): 영국에서 주택협동조합, 세입자 주도 주택 단체와 주택협동조합 지역 연합회를 대표하는 조직으로, 주택협동조합 발전을 돕기 위한 자원과 지원을 제공한다.
http://www.cch.coop

광역 맨체스터시 주택 계획(Greater Manchester Housing Action)
http://www.gmhousingaction.com

주택협동조합 설립과 존속에 관한 정보는 아래 웹사이트를 참조하라.

- https://england.shelter.org.uk/legal/security_of_tenure/housing_co-operatives

- https://www.radicalroutes.org.uk/publicdownloads/how2housingco-opstepbystep.pdf

런던에 새로 마련된 시의회 주택 건물을 다룬 《가디언》 보도.
https://www.theguardian.com/artanddesign/2019/jun/20/council-housing-its-back-its-booming-and-this-time-its-beautiful

* 세입자 조합

임차 세대(Generation Rent): 세입자 조합과 단체는 영국 전역에 퍼져 있다. 지역 캠페인을 조직하는 단체도 있고 집 때문에 문제가 발생했을 때 도움을 줄 수 있는 단체도 있다. 물론 이 두 가지 모두를 수행하는 단체도 있다. 캠페인 단체인 '임차 세대'는 지역 세입자 조합의 데이터베이스를 확보하고 있다.
https://www.generationrent.org/near_you

* 내부 조달

역량 재구축(Rebuilding Capacity): 공공 계약의 내부 조달을 주장한다.
https://www.apse.org.uk/apse/assets/File/Insourcing%20(web)pdf

영국 지방자치단체의 내부 조달에 관한 《가디언》 보도
https://www.theguardian.com/society/2019/may/29/bringing-services-back-in-house-is-good-councils

* 투자

셰어액션(ShareAction): 예금 저축자, 사회, 환경의 장기적 이익에 초점을 맞춘, 책임성 있는 투자 시스템을 지향한다.
https://shareaction.org

앨라배마주 퇴직연금(Retirement Systems of Alabama)이 지역에 투자하고 이 투자로 해당 지역 공동체 부에 어떤 이득을 가져왔는지를 다룬 기사.
https://www.al.com/opinion/2019/06/numbers-show-significant-growth-of-retirement-systems-of-alabama-rsa-from-1973-and-2018.html

스코틀랜드 공공부문 노동조합(Unison Scotland)의 보고서. 공적 연기금이 사회주택에 자금을 조달할 기회를 다루고 있다.
https://www.unison-scotland.org/innovative-pensions-fund-plan-for-new-social-housing-in-scotland-2

* 지방 자치 개혁

두려움 없는 도시들(Fearless Cities): 근린 공동체 운동, 시장과 지방의회 의원으로 구성된 전 세계적 지방자치 개혁 운동 네트워크.
http://fearlesscities.com/en

커먼스폴리스(Commonspolis): 지방자치 개혁 운동의 강화 및 통합 모색에 목표를 둔 국제적 플랫폼.

https://commonspolis.org/en/

미님(Minim): 지방자치 개혁 운동을 기반으로 움직이는 사람들이나 정부 그리고 정치 플랫폼의 활동을 연결하고 이를 널리 알리기 위한 크라우드소싱(crowd-sourced) 프로젝트.
https://minim-municipalism.org

* 주민 참여 예산

- https://www.local.gov.uk/topics/devolution/engaging-citizens-devolution/approaches-civic-and-democratic-engagement-0
- https://www.involve.org.uk/resources/methods/participatory-budgeting
- https://participedia.net/method/146

영국의 주민 참여 예산 제도에 관한 2011년도의 연구.
https://assets.publishing.service.gov.uk/government/uploads/system/uploads/attachment_data/file/6152/19932231.pdf

PB네트워크(PB Network): 정책 자료를 공유하고 부정기적인 학습 모임을 통해 주민 참여 예산에 대한 학습과 혁신을 표방하는 단체.
https://pbnetwork.org.uk

* 지속 가능한 토지 이용 및 에너지

커뮤니티 에너지 허브(The Community Energy Hub)는 자기 지역의 에너지 관리 및 통제에 관심이 있는 사람이라면 누구라도 지원할 수 있다. 지역 에너지 프로젝트, 자신의 독자적인 에너지 프로젝트 개발을 위한 자료와 지침, 그리고 토론과 지원을 위한 포럼을 제공한다.
https://hub.communityenergyengland.org/projects/

그린 밸리스(The Green Valleys): 탄소 배출량을 줄이고 환경을 개선함으로써 기후 변화에 대처하려는 지역 공동체 주도 활동을 지원하는 한편 그에 대한 지침과 조언을 제공한다.
http://www.thegreenvalleys.org

로우 임팩트(Low Impact): 지속 가능한 생활에 관한 정보 및 조언을 제공한다.
https://www.lowimpact.org

소셜 팜 앤드 가든스(Social Farms & Gardens): 도시 주택단지 내에서 과일이나 채소를 재배하는 소규모 텃밭에서부터 시골의 대형 농장에 이르기까지, 지역 공동체의 지속 가능한 성장을 뒷받침하는 조언과 지원, 교육 훈련을 제공하고 무료 회원가입 제도를 운영한다.
https://www.farmgarden.org.uk

셰어드 에셋(Shared Assets): 지역 공동체 토지 관리, 환경 거버넌스와 책임 관리(stewardship)에 관한 정보, 지원 및 교육 훈련을 제공한다.
https://sharedassets.org.uk

에너지포올(Energy4all): 공동체 소유 재생 에너지 계획을 선도하는 전문 조직으로 영국 컴브리아주에 기반을 두고 있다. 영국 전역에서 사업을 진행하며 각 계획의 프로젝트 범위, 사업 계획 및 기술적 측면에 대해 상담과 지원을 제공한다.
www.energy4all.co.uk

* 기초 경제

기초 경제 연구 집단(Foundational Economy): 주류 경제 정책에 도전하는 새로운 사고방식을 개발하기 위해 협력하는 유럽 지역의 학문 연구자 공동체로서 건강, 돌봄, 교육, 주택, 공공 서비스 및 식량 공급 등의 기초 경제에 주안점을 두고 있다.
http://foundationaleconomy.com

기초 경제에 관한 유용한 연구로는 아래의 연구가 있다.

- 영국 NHS와 공중 보건에 관한 보고서. 초혁신(hyperinnovation)의 영향과 탈행정국가(post administrative state) 시대의 문제점을 강조하고 있다.
  https://foundationaleconomy.com/2020/08/18/covid-19-uk-nhs-report/
- 「웨일스가 할 수 있는 일: 자산 기반 정책과 기초 경제(What Wales Can Do: Asset-Based Policies and the Foundational Economy)」
  https://foundationaleconomycom.files.wordpress.com/2017/06/what-wales-can-do-22-june-2017-final.pdf

싱크탱크(싱크두탱크)

지역 경제 전략 연구소(CLES, Centre for Local Economic Strategies): CLES 산하의 공동체 자산 구축 최고 연구 센터(Community Wealth-building Centre of Excellence)는 공동체 자산 구축 운동에 관여하고 있는 사람들을 연결하고 교육 훈련과 행사, 관련 자료 등을 제공함으로써 영국에서 공동체 자산 구축 운동을 폭넓게 전개하고 더 빠르게 확산시키는 활동을 전개하고 있다. www.cles.org.uk

사회문화 변화 연구소(CRESC, Centre for Research on Socio-Cultural Change): 맨체스터대학교와 영국 개방 대학교(Open University) 간의 공동 프로젝트로 민주적 참여와 기초 경제 같은 분야에서 다양한 연구를 수행하고 각종 출간물을 발행하고 있다. https://www.cresc.ac.uk

크루(CREW, Centre for Regeneration Excellence Wales): 웨일스 재건 센터(Regeneration Wales)의 경험과 모범 실천 사례와 기술을 공유함으로써 웨일스 전역에서 통합된 재건 활동을 촉진한다. 도시 및 농촌 지역 공동체가 주도하는 회생 사업과 관련해 그 자료와 사례 연구를 제공한다. http://www.regenwales.org/

협력하는 민주주의(Democracy Collaborative): 협력하는 민주주의는 공동체 자산 구축이라는 아이디어를 통해 민주적 경제의 새로운 원칙을 보여 주는 전망과 모델로 바꾸고 있다. 그 자료로는 다음과 같은 것이 있다.

- 「내가 무엇을 할 수 있을까? 경제를 민주화하는 열 가지 방법(What then can I do? Ten Ways to Democratize the Economy)

https://democracycollaborative.org/content/what-then-can-i-do-ten-ways-democratize-economy
- 「앵커 협력자들: 장소 기반 파트너십과 기관 사이의 연계 구축 (Anchor Collaboratives: Building Bridges with Place-Based Partnerships and Institutions)」
  https://democracycollaborative.org/content/anchor-collaboratives-building-bridges-place-based-partnerships-and-anchor-institutions?mc_cid=c93c02492f&mc_eid=5002eb9982
- 「교육하고 권한을 강화하라: 공동체 자산 구축을 위한 도구들 (Educate and Empower: Tools for Building Community Wealth)」
  https://community-wealth.org/educate-and-empower
- 공동체 자산 구축을 위한 도구 모음(Toolbox)
  https://community-wealth.org/resourcetype/Toolbox
- 「민주적 경제의 요소들(Elements of a Democratic Economy)」
  https://thenextsystem.org/elements
- 「공동체 자산 구축을 위한 정책들: 국가 및 지역 자원의 활용(Policies for Community Wealth-building: Leveraging State and Local Resources)」
  https://democracycollaborative.org/learn/publication/policies-community-wealth-building-leveraging-state-and-local-resources

신경제재단(NEF, New Economics Foundation)

경제적으로 가장 어려운 위치에서 살아가는 사람들의 생생한 체험에 바탕을 둔 정책을 만들고 이를 연구하는 한편 권한을 지역 공동체에 이양하고 안녕과 지속 가능성을 향상시키는 실제적인 현장 프로젝트를 지원한다. 이 재단이 하는 일로는 다음과 같은 것이 있다.

- 영국 해안 도시들을 위한 전망의 개발

  https://neweconomics.org/campaigns/blue-new-deal
- 영국 전역의 신경제 프로젝트를 지도로 보여 주는 온라인 플랫폼

  https://letschangetherules.org
- 그린 뉴딜 지원

  https://neweconomics.org/about/our-missions/green-new-deal
- 신경제 조직책임자 네트워크(Neon, The New Economy Organisers Network): '신경제에 대한 지지를 구축하는' 방법을 배우는 워크숍을 운영한다. 예컨대 주류 미디어에서 신경제에 대한 효과적인 이야기를 하는 방식이 있다.

  https://neweconomyorganisers.org

신경제 연합(New Economy Coalition): 미국 전역의 흑인·선주민 및 노동 계급 공동체에서 연대 경제(solidarity economy) 운동의 규모와 힘을 키움으로써 추출(extractive) 경제에서 재생(regenerative) 경제로의 정의로운 전환을 지원하는 데 목표를 둔다.

https://neweconomy.net

TNI(Transnational Institute): TNI는 공정하고 민주적이며 지속 가능한 행성을 만든다는 목적에 헌신하는 국제적인 연구 및 옹호 기관이다. 이 연구소의 '대중의 대안(Public Alternatives)' 프로젝트는 민영화에 대항하는 강력한 힘을 구축하고 민주적이고 책임성 있으며 효과적인 공공 서비스를 지향하는 활동을 전개하고 있다.

https://www.tni.org/en

제1부: 끝과 시작들

1   https://www.ft.com/content/f4d9c1a8-ca48-11e9-a1f4-3669401ba76f

2   https://undocs.org/A/HRC/41/39/Add.1

3   https://www.kqed.org/news/11827531/how-we-got-here-part-1-the-great-risk-shift-from-companies-to-workers

4   Mark Perryman (ed.), *Corbynism from Below*(Lawrence & Wishart, 2019); J.A.
    Smith, *Other People's Politics: Populism to Corbynism*(Zero, 2019); Colin
    Leys and Leo Panitch, *Searching for Socialism: The Project of the Labour
    New Left from Benn to Corbyn*(London: Verso, 2020); Rhian E. Jones, https://
    makingandbreaking.org/article/how-grime-and-corbynism-transformed-
    politics

5   https://www.dissentmagazine.org/article/the-municipalist-moment;
    https://www.lwbooks.co.uk/sites/default/files/s74_05agustin.pdf;
    https://www.opendemocracy.net/en/can-europe-make-it/fearless-cities-
    municipalism-experiments-in-autogestion/

6   Joe Guinan and Martin O'Neill, *The Case for Community Wealth-
    Building*(Polity, 2019), p.18.

7   https://www.independent.co.uk/voices/harland-and-wolff-belfast-
    occupation-nationalisation-labour-john-mcdonnell-a9071536.html;

https://party.coop/2010/09/10/tower-colliery-a-triumph-of-co-operative-action-in-the-face-of-thatcherism/

8 http://youngfoundation.org/wp-content/uploads/2017/04/Humanity-at-Work-online-copy.pdf; https://medium.com/fifty-by-fifty/mondragon-through-a-critical-lens-b29de8c6049

9 Sharryn Kasmir, *The Myth of Mondragon: Cooperatives, Politics, and Working-Class Life in a Basque Town*(State University of New York Press, 1996)

10 https://community-wealth.org/content/building-wealth-new-asset-based-approach-solving-social-and-economic-problems

11 Marjorie Kelly and Ted Howard, *The Making of a Democratic Economy: Building Prosperity for the Many, Not Just the Few*(Berrett-Koehler, 2019)(마저리 켈리, 테드 하워드, 『모두를 위한 경제: 합리적인 공동체의 희망, 클리블랜드-프레스턴 모델 설명서』, 홍기빈 옮김(학고재, 2021))

12 테드 하워드와 리안 존스의 인터뷰, 2020년 3월 30일

13 https://www1.nyc.gov/assets/dca/downloads/pdf/partners/Municipal-Policies-for-Community-Wealth-Building.pdf

14 https://labour.org.uk/wp-content/uploads/2017/10/Alternative-Models-of-Ownership.pdf

15 https://newsocialist.org.uk/we-took-the-last-option-the-fight-for-democracy-in-haringey/;
https://www.independent.co.uk/voices/london-gentrification-latin-village-market-seven-sisters-closure-social-cleansing-tottenham-a9153641.html;
https://newsocialist.org.uk/corbynism-at-a-crossroads/

16 Aditya Chakrabortty, "Some Call It Outsourcing. I Call It Spivvery", Guardian, 23 April 2018; https://www.theguardian.com/commentisfree/2018/apr/23/capita-carillion-outsourcing-local-elections-aditya-chakrabortty

17 https://tribunemag.co.uk/2020/02/rebuilding-the-red-bases;

https://newsocialist.org.uk/twt-working-class-culture-history-socialism/

18 Guinan and O'Neill, *The Case for Community Wealth-Building*, p.53

19 https://garethleaman.com/2020/07/24/wales-beyond-borders-nationalism-and-the-climate-crisis/

20 https://mappingimmigrationcontroversy.com/2016/06/29/on-the-misuses-of-sunderland-as-brexit-symbol/

21 https://www.theguardian.com/commentisfree/2018/jan/31/preston-hit-rock-bottom-took-back-control

22 Alex Niven, *New Model Island: How to Build a Radical Culture Beyond the Idea of England*(Repeater, 2019)

23 V.I. Lenin, *The State and Revolution*(1917)(V.I. 레닌, 『국가와 혁명: 마르크스주의 국가론과 혁명에서 프롤레타리아의 임무』, 문성원·안규남 옮김(돌베개, 2015))

24 Guinan and O'Neill, *The Case for Community Wealth-Building*, pp.78-79

제2부: 프레스턴 이야기

1 https://demos.co.uk/wp-content/uploads/2019/06/June-Final-Web.pdf

2 Michael Conlon statement to MB, November 2020

3 https://www.lep.co.uk/news/politics/preston-model-hailed-beacon-cities-665381

4 마크 포터(Mark Porter)가 리안 존스에게 전한 발언, 2020년 10월

5 https://www.blogpreston.co.uk/2019/02/how-preston-wants-to-be-the-centre-of-a-new-north-west-based-community-bank/

6 린 콜린스(Lynn Collins)가 매튜 브라운에게 한 발언, 2020년 11월

7 마이클 콘론(Michael Conlon)이 매튜 브라운에게 한 발언, 2020년 11월

8   줄리언 맨리(Julian Manley)와 리안 존스의 인터뷰, 2020년 8월 21일

9   https://theconversation.com/preston-changed-its-fortunes-with-corbynomics-now-other-cities-are-doing-the-same-106293

제3부: 공동체 자산 구축, 근린 공동체에서 국가까지

1   Jane Davidson, *#futuregen: Lessons from a Small Country*(Chelsea Green Publishing, 2020)

2   Martin Hoban, "The endless collapsing scrum: The story of regeneration in the South Wales Valleys"; https://www.researchgate.net/publication/327630823_The_endless_collapsing_scrum_the_story_of_regeneration_in_the_south_Wales_Valleys

3   조 컬리네인과 리안 존스의 인터뷰, 2020년 7월 1일

4   https://www.gcph.co.uk/assets/0000/7721/An_evaluation_of_Glasgow_City_participatory_budgeting_pilot_wards_2018-19.pdf

5   https://pbnetwork.org.uk/tower-hamlets-you-decide/

6   https://assets.publishing.service.gov.uk/government/uploads/system/uploads/attachment_data/file/6152/19932231.pdf

7   https://foundationaleconomycom.files.wordpress.com/2020/08/fe-approach-2020.pdf

8   https://www.iwa.wales/agenda/2019/02/a-perspective-on-the-foundation-economy/

9   https://www.uk.coop/sites/default/files/uploads/attachments/co-op_economy_2015.pdf

10 https://www.uk.coop/sites/default/files/uploads/attachments/co-op_economy_2015.pdf

11   Joy White, *Terraformed: Young Black Lives in the Inner City*(Repeater, 2020)

12   https://hebdenbridgetownhall.org.uk/sites/default/files/Making%20
Asset%20Transfer%20Work.pdf

13   https://foundationaleconomycom.files.wordpress.com/2019/05/morriston-
report-v6-13-may-2019.pdf

14   https://neweconomics.org/2020/08/beyond-the-gig-economy; https://
tribunemag.co.uk/2020/08/its-time-to-socialise-the-high-street

15   https://nation.cymru/news/labour-ms-blasts-welsh-government-for-bizarre-
decision-to-scrap-hydropower-grant/

16   https://www.bloomberg.com/news/articles/2014-09-19/this-scottish-island-
is-nearly-free-of-fossil-fuels

17   Raymond Williams, The Fight for Manod(Chatto & Windus, 1979)

부록: 한눈에 살펴보는 지방자치와 주민 참여

1   "민주당 소속 용산구청장 "집무실 이전, 듣도보도 못한 이야기 ···
소통없었다"", <매일신문>(2022.03.22.), https://news.imaeil.com/page/
view/2022032208154668573

2   김병준, 『지방자치론』(법문사, 2015), pp.157-169

3   김병준, 『지방자치론』(법문사, 2015), p.196

4   윤석인, 『지방자치가 우리 삶을 바꾼다』(희망제작소, 2022), p.33

감사의 글

프레스턴의 여정에서, 그리고 이 책을 위해 중요한 역할을 해 준 분들이 많지만, 마틴 롤린슨(Martyn Rawlinson), 필 톰슨(Phil Thompson), 닐 매킨로이(Neil McInroy), 데릭 화이트(Derek Whyte), 프레디 베이리(Freddie Bailey), 줄리언 맨리(Julian Manley), 매트 잭슨(Matt Jackson), 은위다 칸(Nweeda Khan), 케이 존슨(Kay Johnson), 마이클 콘론(Michael Conlon), 제이미 드리스컬(Jamie Driscoll), 마크 포터(Mark Porter), 린 콜린스(Lynn Collins), 아시마 샤이크(Asima Shaikh)와 조 컬리네인(Joe Cullinane)이 보여 준 도움과 응원에 감사한다.

- 매튜 브라운

이 책이 나오기까지 많은 도움과 응원을 받았다. 칼 네빌(Carl Neville), 조 귀넌(Joe Guinan), 새러 매킨리(Sarah McKinley), 테드 하워드(Ted Howard), 잭 왓킨스 박사(Dr Jack Watkins), 크리스 블레이크(Chris Blake), 그리고 리피터(Repeater) 출판사의 타리크(Tariq), 조시(Josh), 마이크(Mike)와 엘리너(Elinor)에게 감사를 전하고 싶다.

- 리안 존스

옮긴이 **김익성**

경희대학교 대학원 행정학과 석사 과정을 수료하였다. 다년간 법무법인에서 근무하였으며, 현재 번역 에이전시 엔터스코리아에서 전문 번역가로 활동 중이다.
주요 역서로는 『스마트 시티(공역)』(출간 예정), 『영향력은 당신의 초능력』(출간 예정) 등이 있다.

감수자 **양준호**

인천대학교 경제학과 교수. 인천대학교 후기산업사회연구소 소장과 지역순환경제전국네트워크 공동대표를 맡고 있다. 『시민이 주도하는 지역순환경제』(공저, 2022), 『지역화폐가 대안이다』(공저, 2021), 『지역회복, 협동과 연대의 경제에서 찾다』(2018) 등을 썼으며, 『아메바 경영』, 『사장의 그릇』 등 이나모리 가즈오의 저작 다수를 우리말로 옮긴 '이나모리 가즈오 경영 철학'의 국내 최고 전문가다.

프레스턴, 더 나은 경제를 상상하다

2023년 2월 1일 초판 1쇄 발행

지은이 매튜 브라운, 리안 존스 · **옮긴이** 김익성 · **감수자** 양준호
펴낸이 류지호
책임편집 곽명진 · **디자인** firstrow
편집 이상근, 김희중, 곽명진

펴낸곳 원더박스 (03169) 서울시 종로구 사직로10길 17, 301호
대표전화 02-720-1202 · **팩시밀리** 0303-3448-1202
출판등록 제2022-000212호(2012. 6. 27.)

ISBN 979-11-90136-96-9 (03300)

• 잘못된 책은 구입하신 서점에서 바꾸어 드립니다.
• 독자 여러분의 의견과 참여를 기다립니다.
  블로그 blog.naver.com/wonderbox13 · 이메일 wonderbox13@naver.com

이 책은 재생종이로 만들었습니다.
재생종이는 생명의 보금자리인 숲을 살립니다.
재생종이로 만든 책   (표지: 한솔 인스퍼 에코 203g, 본문: 전주페이퍼 그린라이트 80g)